元No.1ホスト 悲恋改善アドバイザー
藤本シゲユキ

本命になる技術

WAVE出版

装画　たえ
装丁　bitter design
DTP　NOAH
校正　鷗来堂
編集　寺門侑香（WAVE出版）

はじめに

セフレ……セックスフレンドの略。

恋愛ではなく、性交渉のみを目的として交際する相手。


「セフレから本命になりたいんです」

僕の元には、ほぼ毎日、こういったご相談が寄せられています。

最初はなんとも思っていなかった相手なのに、ひょんなことから一夜を共にして、好きになってしまった。あるいは、片思いをしていた相手から誘われて、つい関係を持ってしまった。

その後、「付き合おう」という言葉はもらえないまま、好きという感情がどんどんつのっていく。

こんな曖昧《あいまい》な状態は、女性にとって実に耐えがたいものでしょう。

申し遅れました。僕は、**「悲恋改善アドバイザー」**の藤本シゲユキと申します。

「セフレから本命になりたいのになれない」というような、恋愛にまつわる悩みに苦しむ女性を1人でも多く救うべく、日夜活動しています。

かつての僕は、いわゆる遊び人でした。20代のころは、バンドマンとして音楽活動にあけくれるかたわら、芸のこやしといわんばかりに、女遊びにも興じていました。音楽をやめてからは№1ホスト、そしてホストクラブのオーナーとして、多くの女性を振り回していたのです。

そんな僕が、なぜ女性を救うための仕事をしているのか。それは、ホストクラブのオーナー時代の経験がきっかけでした。

当時の僕は、興味本位で、お客さまから恋愛話を引き出し、ときにアドバイスをしていました。すると、それがとんでもなく役に立つと評判になり、気がつけば1000件以上の相談を受けるまでになっていたのです。

そうして僕を頼ってきてくれた女性たちと接するうちに、ある思いが、ふつふつと湧いてきました。

「彼女たちを適当に扱い、女なんてチョロいと勘違いしている男たちの鼻を、バキバキにへし折りたい」

「女性へ向けて、ダメな男にだまされないための情報を、発信していきたい！」

女性の敵ともいえる存在だった僕ですが、だからこそ、「大好きな彼の本命になりたい」と切に願う女性たちにお伝えできることがあると、本気で思っています。

世の中には恋愛マニュアルが数あれど、セフレや浮気相手という「2番手」の立場から本命になるための方法を、男性目線で掘り下げたものは、ほとんどないように思います。

また、2番手から本命への昇格は、既存の恋愛テクニックや方法論でくつがえるものでもありません。だからこそ僕は、この本を通じて伝えたいことが、山ほどあるんです。

ただ、最初にこれだけは言わせてください。

「どうせ私は2番手だし……」とお嘆《なげ》きの女性たちに告ぐ。

甘ったれんな。被害者面しててんじゃねえ。

今の関係になってしまったのは、他の誰でもない、自分自身に責任があることを自覚しろ。ただただ嘆き悲しんだところで、現実は何も変わらないんだよ。

ときにはこのように厳しいことも、ハッキリと言います。現実から目を背《そむ》けていては、いつまでたっても、彼との現在の関係は変わらないからです。生半可な気持ちでどうにかなる問題でないことだけは、ご理解ください。

また、恋愛というものはすぐに結果が出るものではなく、積み重ねによってでしか、結果が変わりません。短期決戦でどうにかしようという考えも、捨ててください。

どうしても彼の本命になりたいのであれば、まず覚悟を決めましょう。

それは、**「突き進む覚悟」**と**「自分を変える覚悟」**です。

本命になれない女性の多くが、突き進む覚悟が足りないばかりに、何かあるたび自分がブレて、余計な行動に出てしまいます。

そんな自分は卒業し、何があっても必ず本命として溺愛される自分になると、今ここで誓ってください。

彼の本命になれる可能性は、あなた次第。僕がその可能性を引き上げるために、全力でサポートし、あらゆる方法を伝授します。そう、僕があなたの諸葛孔明になってみせましょう。

「女性を食いものにした男の話なんて聞きたくない」、そう思う方もいらっしゃるかもしれません。しかし、かつて「女の敵」と呼ばれた僕が「女性の味方」に回ったことの意味を、考えてみてはもらえないでしょうか。

その心強さを、全身全霊でこの本にぶつけて表現するから。

本気で「本命」になりたい女性は、ぜひ、ついてきてください。

2017年4月

藤本シゲユキ

Contents

Chapter 1

モテる男性の本音を知りつくす

Chapter 2

彼の態度が劇的に変わる、行動のルール（基本編）

Chapter 3

彼の態度が劇的に変わる、行動のルール（発展編）

本命女は、こう素を出す

本命女は、こう理解する＆認める 1
――恋は情報戦、覚悟を持って情報をかき集める

本命女は、こう理解する＆認める 2
――情報を上手に使って、彼の心に入りこむ

Chapter 4

あなたの恋がうまくいかない理由、もしかして？

Chapter 5

大逆転を叶える！ Q&A

Chapter 6

悩み・不安を撃退！　一気に本命体質へ

Chapter 1

モテる男性の本音を知りつくす

男性はだんだんと女性を好きにならない

好意と恋愛感情は別物

片思い中の女性に多いのが、相手の「好意」を「恋愛感情」と錯覚してしまうこと。

そもそも、好意と恋愛感情は似て非なるものです。好意というのは、単純に「いい子だなあ」と、親しみを覚える気持ちです。

恋愛感情というのは、その人のことを考えると、ドキドキしたり切なくなったり、なんともいえない気分になり、損得は関係なく「一緒にいたい」と思う気持ちです。

両思いになるまでに男性側から感じられた好意や素っ気なさは、どちらも単純に、そのときの気分によるものなんですよね。

「やった！　彼からいつもより早く連絡がきた！　ちょっとは私のこと、好きになってくれたかな？」

ちゃうで。

そのときの気分や。

「なんか彼の返事が冷たい。私、嫌われちゃったのかな……」

だから、ちゃうって。

そのときの気分や。

「好きな人が自分のことをどう考えているか」を考えるのは、ある意味、恋愛の醍醐《だいご》味《み》でもあります。

しかし、相手の感情を想像することが習慣になると、相手の動きに一喜一憂することになり、振り回されやすくなってしまうんですよ。

その結果、相手が好きになってくれたと勘違いしてグイグイいきすぎたり、嫌われたと思って不安にかられて自爆したりするわけです。

恋愛に勝敗があるのなら、じっと機会をうかがい、平常心を保てた者が勝ちます。

男性は自分の恋愛感情にフタをする

さてここで、女性が意外と知らない事実をお話ししましょう。
男性は、一目惚れをのぞき、だんだんと女性を好きになることはほとんどない、ということです。

女性はだんだんと男性のことを好きになる人が多いので、イメージが湧きにくいかもしれません。

しかし男性の場合、ある日突然、強制的に自分の恋愛感情に気づくといった流れがほとんどです。とくに、僕が見てきたモテる男性たちは、その傾向が強かったですね。

これはどういうことか、もう少し詳しく説明します。

僕たちは非常にやっかいな生きものでして、既に相手のことを好きになっているのにもかかわらず、自分の恋愛感情に気づかないふりをしてしまうんです。

相手に対する自分の接し方が、以前とは明らかに違ってきており、会ったり連絡をとったりするたび胸が高なるとわかっているのに、です。

なぜそこまでして自分の恋愛感情にフタをするようなことをするのか。

それは、男性の防衛本能が関係しています。

「好き」と認めてしまったら、関係性をハッキリさせないといけない。そうなると、自分が相手に受け入れてもらえるかどうかが不安。

こういった理由から、無意識のうちに自分を守りに入ってしまうわけです。

「私から好かれてるってわかってるなら、そんな必要ないでしょ！」

女性が男性を追いかける恋愛の場合、たしかにそう思われるのは当然でしょう。しかしこの性質は、相手が誰であっても関係なく発揮される、そういうものなのです。


では、具体的にどうやって、自分の恋愛感情に気づいてもらうのか。その方法は2つあります。

まず1つめは、彼にあなたの可愛げやけなげさを、存分に伝える方法です。

可愛げは、素直に、愛嬌満点で、ポジティブな感情表現をすること。けなげさは、損得関係なく、相手のためを思って尽くすことで、にじみ出ます。

このあたりの具体的な話は、以降で、たっぷりお話しします。

さて、人によっては、あなたが可愛げやけなげさをふんだんに出しているのにもかかわらず、一向に自分の恋愛感情に気づいてくれない場合もあるんですよ。

ではどうすればいいか。

2つめの方法、それは彼から離れることです。

詳しくはChapter3で詳しくお話させていただきますが、彼女が自分から離れたときにしか、自分自身の気持ちに気づかない男性がいます。

よく男性が口にする「別れてから、アイツの大切さに気づいた」というセリフが、すべてを物語っています。

今まで仲が良い女友達だと思っていた女性の結婚が決まったとき、「あ、俺はアイツのことが好きだったんだ」と気づくケースもよくありますね。

人に限らず、毎日のように使っている電化製品が壊れたら、めっちゃ焦りますよね？

しかも前触れもなく、急に壊れたりすると、ほとんどの人が「もっと大事に使っておけば良かった……」と悔やむはずです。

物は買い換えればすみますが、人間はそういうわけにはいきません。あなたの大切さを、身にしみてわかってもらうためにも、彼の前から離れることも最終手段としては必要になるわけです。

2番手を作る男性は5パターン

さてここで、セフレや浮気相手の女性を作る男性のタイプについて、お話させていただきましょう。

全5パターン、さあ、キミもコンプリートしようぜ！

ってあかんあかん。

しょうもないこと言ってないで、本題にうつります。

①ハイスペック遊び人

社会的地位、収入、ルックスが伴った遊び人。

外資系コンサルタント、ベンチャー企業の若手社長、広告代理店、商社勤務に多く見られるタイプ。

女性をアクセサリー感覚で考えており、レースクイーンやCA、モデルなど、ルックスの偏差値が高いとされる職業に就く女性を好む傾向にある。

しかし、なかなか女性に本気になれないので、常に「俺が100%本気で好きになれる女はいないのか」と思いながら、次のターゲットを探している。

②自信満々な野心家

出世や起業を目指す男性に多いタイプ。

将来のビジョンがハッキリしていて、自分の能力を信じてストイックにがんばる一面もあるが、癒しが足りないあまり、女性を求めてしまう傾向にある。

しかし、自分の目標を達成するまでは結婚はおろか交際もしないことが多い。「夢が叶ったら結婚しよう」というセリフもよく使う。

③自信のないヤリチン

外見が良く、しかしそれしか誇れるものがないため、モテた経験や抱いた女性の数で自尊心を保つタイプ。

自信のなさを隠すため、穴だらけの将来の夢を語り、自分を大きく見せようとする発言が多い。

都合が悪いことからはすぐ逃げるのも特徴的。女性から責められると、向き合わずに逃げて、また別の女性の元へと走る。

これは自分の弱いところもひっくるめてすべて受け入れてくれる女性を無意識のうちに探しているからでもある。

社会人として、まだ一男性としてスキルや経験がないまま歳を重ねてしまい、さらに自信はなくなっていき、年々落ちぶれていくこともよくある。

④気分屋のあまのじゃく

根はいい人だが、不器用なタイプ。

ほめてくれない、けなしたり否定したりする発言が多い、前もって予定を決めることをいやがるなど、いじわるで自己中な行動が目立つ一方で、面倒くさいと言いつつ会ってくれたり、女性が体調不良のときはさりげなく心配してくれたりもする。

このタイプの男性が発する言葉の意味をそのまま真に受けてしまって、落ちこむ女性も多い。

そのときの気分でものを言うため、自分で言ったことをよく忘れるのも特徴的。

自分の時間を最優先するため、セフレを作っても、基本は1人だけ。

ちなみに、このタイプでかつ自信がない場合、「どうせお前も、いずれ俺の元から離れていくんだろ?」という心理のもと、「どこまで俺についてこられるか」を試すような行動をよくする。

⑤超・マイペースな草食系

恋愛にそこまで興味がなく、趣味や遊びを最優先にするタイプ。

連絡頻度は少なく、本人の気が向いたときにしか会えない傾向にあり、このタイプからのアプローチは期待しにくい。

女性と2人きりになっても手を出してきにくく、女性からのアプローチがきっかけで体の関係を持つことが多い。

ただ、女性に対して警戒心がかなり強いため、そういった状況になると「この人は誰にでもこういうことをしているのか？」「もしかして俺は遊ばれてるんじゃないか？」という疑念を抱えることがある。


以上がセフレを作る5パターンの男性になります。

どのパターンでも、基本的に攻略する方法は変わりませんが、注意点がいくつか。

まず、①、②の男性は、女性が書いた恋愛マニュアルを地で行くような女性には興味を示さない傾向にあります。

とくに①の男性は女性を見る目が肥《こ》えているので、ありきたりのノウハウどおりに攻めても「つまんねえ女だな」と思われる可能性が高いです。

むしろ、少し失礼な態度で接するくらいのほうがうまくいくことも多く、このタイプの男性が言う「俺にそんな口の聞き方ができるのはお前ぐらいだ」という台詞は、最高のほめ言葉になります。

とはいえ、信頼関係が結べていない状態で失礼な態度をとっても、嫌われるだけなので、そこは注意しましょう。

③の男性は、一番難易度が低いのですが、あなたのレベルが上がったときに「なんであんな人を好きだったんだろう……」と思ってしまうことがよくあります。

基本的に中身がないので、攻略途中に、相手のふとした言動で一瞬で冷めてしまうこともよくありますね。

もし、あなたの好きな彼が③に当てはまるようであれば、相手の行動、言動が低レベルすぎて引いてしまったことが過去にないか、しっかり思い返してみてください。

その違和感は、あとになって増えることはあっても消えることはほぼありません。

彼のことを美化しすぎていないかをよく考えたほうがいいでしょう。

④、⑤の男性は、やや難易度が上がると思ってください。

なぜなら、彼らは過去に女性と付き合うなかで、浮気されたり、過剰な束縛をされたりなどの手痛い経験をしていることが多いからです。

その場合、「女性＝浮気をするもの」「女性＝自分の邪魔をするもの」という認識で、女性をひとくくりにしています。

彼らから信用を得て、誤解を解くためには、それなりの時間が必要になると思ってください。

2番手を作る、本当の理由

女癖の悪い男たちにも、女遊びをする、彼らなりのれっきとした理由があるんです。

女性からしたら「最低！」としか言えないでしょうが、これを知ることで、彼らを攻略するための大きなヒントになります。

今の彼女に不満がある

男女問わず、相手になんらかの不満があるからこそ、他の異性に目移りしてしまうわけです。

とはいっても、彼女になんの不満もなさそうなのに、浮気をする男性もいます。

これは一体どういうことなのか？

それは、**「不満がないことが不満」**になっているんです。

「なんとなく物足りない」「なんだかつまらない」といった思いから、刺激を求めて浮気に走るのです。

彼女はいらない

最近ではこういった男性が本当に増えてきました。「男性＝女好き」という定義も年々崩れてきていますね。

その大きな理由として、世の中が便利になり、遊びの幅がぐんと広がったことがあるでしょう。「お金と時間はそちらに使いたい」という男性が増えてきたわけです。

近いところで「女性＝自分の時間を奪う、面倒な生きもの」と決めつけている男性もまた、存在します。

あなたを本命にする決定打がない

このケースも多いですね。

「お、ちょっといいかも！」と思って距離を縮めてはみたものの、「あれ？　なんか思ってたのと違う」となってしまう。女性が男性のニーズを満たしきれていないということになりますね。

また、女性の日ごろの言動から、付き合ったら束縛されたり、重い言動をとられたりしそうだという可能性を感じており、交際に踏みきれないということも。

縛られることを嫌う性質の男性にとって、わざわざリスクをおかしてまで、窮屈《きゅうくつ》な関係になることはないでしょう。

体の相性は良い

体の相性が良すぎて離れられないケースも、もちろんあります。しかも女性が男性の「性癖」を満たしていればいるほど、離れられなくなってしまう。

実はこのケースが一番本命に昇格しやすいです。

なぜなら、多少女性が男性の地雷を踏んだところで、「あんなに体の相性が合う女は、他にいないんだよな」と思って、戻ってくることが多いから。

ちなみに、男性の心をつかむためには胃袋をつかめなんて言われていますが、胃袋をつかんだところで、離れるときはあっさり離れます。

胃袋をつかむよりも、玉袋をつかみましょう。はいそこ、下ネタとか言わない。

さて、意中の男性とセフレ関係にある女性によくある「どうせ私はセフレだし」という思考。**これは自分の値打ちを自分で低く見積もっているということです。僕はこれを「セフレ脳」と呼んでいます。**

「セフレ脳」でい続けると、相手からの扱いがだんだん適当になっていきます。相手にそのつもりがなかったとしても、です。

自分のことを大事にできない人は、他人から大事にしてもらえるわけがないんですよね。

自分の立場について考えるなら、「どうせ私はセフレ」と思うのではなく、「私は本命候補だ」と思ってください。

思考は言葉になり、その言葉はやがて行動になります。マイナス思考は、恋愛において百害あって一利なし。

そもそもですが、男性は嫌いな女性をセフレにはしないんですよ。

男性は性欲のかたまりだと思っている女性は多いですが、いくら性欲処理が目的であったとしても、嫌いな女性を相手に選ぶ男性はそういません。

最上位の好きではないというだけで、あなたが選ばれたのには、ちゃんと理由があるのです。

性欲優先は20代前半まで

性欲優先で動くには、限界がある

僕の話で恐縮なのですが、思い返してみると、10代から20代前半までは、性欲優先で動いていたことが多かったです。

それが20代もなかばを過ぎると、女性と会う目的として、ちゃんと楽しさを求めるようになり、だんだんとセックスは二の次になっていったんですよね。

実際、男性の性欲のピークは19歳といわれているそうです。それを過ぎると、歳を重ねるごとに「エロ」だけでは動かなくなっていく傾向にあります。

僕自身、もし今、ルックスだけが好みの女性と一晩過ごすことができるとなったとしても、「めんどいから、それなら家でシコっときますわ」と思います。

風俗店はまた別ですが、先ほども申し上げたとおり、男性は少しも興味がない女性を抱こうとしません。大なり小なり好意があるからこそ、求めるのです。

会って即ホテル！　では物足りない理由

たしかに男性には「あわよくば精神」があるので、初めて女性とデートする場合、今夜チャンスがあるかもしれないと考えることもあります。

でも、出会った瞬間に女性から「ホテル行こう！」といきなり言われたとしたら、「それはちょっと違うんだよな……」と思う男性のほうが多いのではないでしょうか。

ちょっと違うと思っていても、そのままホテルに行く男性のほうが多いでしょうし、結局行くんかい状態にはなるのですが、素直に喜べてはいないはずです。

なぜなら、**出会ってすぐに関係を持とうとしてくる男性は、単に「やりたいから」ではなく、「出会ってからベッドインするまでのプロセスを楽しみたいから」、誘ってくるんですよ。**

女性を落とすまでの経過がスリリングで刺激的だというわけです。なので、このプロセスを省《はぶ》かれてしまうと、物足りない。

僕の周囲にいた遊び人たちも、「行為の最中よりも、ホテルに行くまでのいちゃいちゃしてる時間が一番楽しい」と言っていました。

なかには「セックスが目的のはずだったのに、いざ行為を始めたら、楽しさがそこで終わるみたいでなんかいやだった」という男性もいましたね。その気持ち、すごくよくわかる。

またやっかいなことに、「会いたい」という気持ちが、性欲からきている場合もあります。

この場合、実際に会って体を重ねてみたあと、「なんで俺、コイツとこんなに会いたかったんだろ……」と考えてしまうことも多いです。

本当に「会いたいだけ」なのか「やりたいだけ」なのか、自分で自分の気持ちが理解できていない男性は、結構多いんですよ。

と、ここで「どうせ男は私とやりたいだけなんだ」と思ってしまうのは簡単ですが、「まあ、興味がない女とはしないわよね」と考え方を切り替えることが重要ですね。

「めんどくさい」「重い」の本当の意味

重さを生む「何か」の正体

こう言ってしまうと元も子もないんですが、「めんどくさい」「重い」の定義って人それぞれ。

たとえば、彼が遅くまで仕事だった日、女性が心配して送ったメールに対し、なんか重いと感じる男性も、まったく重いと感じない男性もいます。

実際、僕の知人で、こんなことを言っている男性がいます。

「元カノが、激しく束縛するのが当たり前で、『今日は仕事行かないで!』とか、平気で言うような子だったんですよ。それに比べて、今の彼女はそんなことは絶対に言わない普通の人だから、なんか物足りないんですよね」

じゃあ、いつも男性から重いと言われがちな女性は、僕の知人のような男性を見つけければいいかというと、そうではありません。

なぜなら、真実はこうだから。

「お互いの好きの度合いの温度差が〝重さ〟になる」

相手がどんなタイプであれ、好きの度合いに差があれば、「めんどくさい」「重い」と言われやすいんです。

お互いの好きの度合いが同じであれば、別れたら死ぬと脅されようが、デートをドタキャンして泣きわめかれようが、彼女を重いとは感じにくいわけですよ。

僕の知人が彼女に対して「物足りない」と言っていたのは、彼女のことを本気で好きだから、「もう少し重くてもいいんだよ」と思っているということだと思います。

無意識に踏んでいるかも!? 男性の地雷

とはいえ、男性をイラッとさせやすい「地雷行為」は存在します。否定する、注意する、尋問口調、責める、追撃連絡、疑う、泣く、試す、などなど。とくに、セフレの女性がやりがちなのが、責める、追撃連絡、泣く、ですね。

ここでは、具体的にどういった言葉や行動がまずいのかを説明します。無意識のうちにやっている可能性も大！　ですので、心して読んでください。

・責める

「昨日連絡くれなかったよね」
「私、もう嫌われちゃったのかな？」
「最近会ってくれないよね」
「どうせ私は彼女じゃないもんね」
「私のことなんてどうでもいいよね」

このあたりの言葉は、もれなく地雷です。

男性にしてみれば、どこまでいっても「知らんがな」です。

あなたの不安な気持ちは察してもらえるどころか、うとましがられているだけと思っていいでしょう。

・**追撃連絡**

相手から返信がない状態で、さらにメッセージを送ったり電話をかけたりする行為です。

2回くらいならまだ許せるものの、3回目以降はうっとうしさ極まりない、という男性が多いと思います。

もちろん、「忘れていた」「仕事で忙しかった」など、理由はあるのかもしれませんが、理由がどうあれ、追撃連絡は相手の負担にしかならないと思ってください。

・**泣く**

「男は女の涙に弱い」と言いますが、この言葉を誤解している女性が多くいます。

実際は、泣かれると「何を言っていいかわからず困惑する」というだけであり、「どうにかしてあげようという気になる」という意味では、決してありません。

Chapter 2

彼の態度が劇的に変わる、行動のルール（基本編）

2番手からでもうまくいく女性の特徴

本命になれるかどうかのわかれ道は、ここ！

「私は本命になれるでしょうか？」

クライアントさんから、よく受ける質問です。

結論から言うと、絶望的な状況から本命になれた女性も、楽勝だと思われる状況だったのに、不安にかられて自ら関係をぶち壊してしまった女性も、どちらもいらっしゃるんですよ。

ここで簡単に、本命になれる女性となれない女性の違いをまとめてみます。

ただし！　現時点で、自分が「本命になれない女性」の性質を持っていたとしても、諦めて本を閉じないように。今から「本命になれる女性」に近づいていくための指標として、熟読してください。

◆本命になれる女性

・男性に執着したことが少ない
・昔は恋愛依存体質だったけど、それではダメだと改善した
・人の話はちゃんと聞くことができる
・どちらかといえば、あまり人を信用しないほうだ
・彼の言葉や行動に、いちいち振り回されない
・彼と一緒にいる時間はとにかく大切にしようと心がけている
・人を喜ばせるのが好きだ
・人を驚かせるのも好きだ
・言いたいことは、きちんと言える
・自分の生活を大事にしている

◆本命になれない女性

・男性を好きになると、相手に依存し、執着してしまいがち
・気がつけば彼のことばかり考えてしまう
・趣味がない
・彼に対して「なんでもっと○○してくれないんだろう」と考えることがよくある
・彼の言葉や行動で、いちいち不安になる
・不安にかられて、自爆行為をしたことは一度や二度ではない
（返信がないのに何度もメールをする、夜中に泣きながら電話をする、別れたくないのに別れると宣言してしまうなど）
・彼のことが好きすぎて、彼の前で素を出せていない
・人と同じだと安心する
・すぐ女友達に相談する
・恋愛がうまくいかなくなると、自分の生活も崩れる

ようは、**本命になれる女性は、「執着せず」「待つことができ」「片思いを楽しめる」女性。逆に本命になれない女性は、「執着して」「待つことができず」「片思いを苦痛に感じている」女性**です。

恋を叶えるための努力を苦痛に感じている人が、それを楽しんでいる人に勝つことは、ほとんどありません。

楽しんでいる人は、常に「次はどうしようか」とワクワクしながら、未来へ向けたアイデアが次々に浮かんできます。

一方、苦痛に感じている人は、「あのときの何がいけなかったんだろう……」と過去を振り返り、後悔し続けます。

過去が気になる気持ちもよくわかりますが、ここはぐっとこらえて、意識的に未来に目を向けるよう、心を矯正していきましょう。

信用と期待をはき違えない

ちなみになぜ、「人を信用しない」ことが本命になれる女性の性質かというと、人を信用しないからこそ、相手のことをめちゃくちゃ観察するんですよ。「この人は一体どういう人なんだろう？」という意識が、とても強いんですよね。

だからこそ、相手の話をちゃんと聞くことができるし、表面的な相手の態度や発言に振り回されず、冷静な目で本質を見抜くことができるのです。

そもそもですが、信用とは、お互いが長い時間をかけて向き合い、信頼関係を築き上げてこそ生まれるものです。**相手に対し不安や疑いがあるにもかかわらず、相手を良い人に違いないと思うのは、信用ではなく、ただの期待です。**

女友達への相談はリスクでしかない

それから、2番手から脱却したいなら、女友達に相談するのはやめましょう。そんな男やめとけ、と言われるのがオチです。

そこで「はい、やめます」とは思えなくて、本命になると決めたんだろ？　否定的なことばかり言われて自信を失うだけなら、最初から相談しないほうがいい。

否定されるだけならまだしも、経験豊富で物知り顔な女性がするアドバイスは、かなりタチが悪いです。

クライアントさんでも、友達のアドバイスを実践したら、実は相手の地雷を踏んでいただけだったという場合が、多々あります。

男女は同じ人間ではありますが、脳の構造が違うので、その観点からするとまったく別の生きものといえます。どこまでいっても同性のことは同性にしかわからない、というのが僕の見解です。

これができればほとんどの男が落ちる、恋愛7大原則

さて、これまで説明した考え方を踏まえつつ、次に書くことをすべて実践できたら、ほとんどの男性は落ちるはずです。

そのとき、彼はあなたのことを「この子は特別だ」「こんなに俺のことをわかってくれる子は、他にいないな」と思うでしょう。

・ルックスを磨く
・理解する
・認める
・ほめる
・寄り添う

・見守る
・奇をてらう

1つずつ、まずはざっくりと説明していきますね。いくつかの項目については、Chapter3以降でより深くお話していきます。

ルックスを磨く

男性は、女性が思う以上に、視覚的に恋をする生きものであります。見ためで「ないな」と思ったら、その女性の内面を見たいとも思わないのが、本音です。

どれだけ良い接し方をされるよりも、自分好みのルックスやファッションでいてくれたほうが、テンションが上がってしまうんですよね。

なので、今のあなたのルックスがどのような状態であれ、今よりも綺麗になることは必須条件だと思ってください。劣化するなんて言語道断です。

現在、体の関係がある女性はある意味、ルックスで「あり」判定になったことになります。

しかし、１００点中、60点が相手の許容範囲だった場合、あなたが彼から60点ギリギリの点数をつけられていたとしたら、それは「できないことはないからセックスをした」ということになるんですよ。

たとえるなら、お腹がすいたときに冷蔵庫を開けてめぼしい食べ物がなかったけど、空腹を満たすためになんとか、そのなかで一番ましな食べ物を選んで食べたというような感じです。

どうしても振り向いてもらいたい男性がいるのであれば、美の追求は怠《おこた》らないように心がけましょう。

理解する

相手のことを理解するというのは、ずばり、相手のことをよく見て、相手の話をよく聞くだけです。

僕が見てきた恋愛勝率が高い女性は、必ずといっていいほど、相手のことを注意深く観察し、一言一句聞き逃さない勢いで、相手の話を聞いています。

女性はよく「好きになったら相手に興味を持つのは当たり前」と言いますね。でも、だいたいの場合は「彼は何をしているんだろう」、「彼は何を考えているんだろう」といったことを考えているだけであり、これは単なる詮索です。

「相手に興味を示す」というのは、その人を作っている過去と現在を知ろうとすること。好きなもの、嫌いなもの、価値観、夢、目標、生活スタイル、育った環境など、今の相手を形成している背景を深く掘り下げるよう、つとめましょう。

認める

これは彼の尊敬できるポイントを探して、認めるということです。次の「ほめる」とも通ずるところですね。

たとえば考え方、仕事に対する姿勢、生活習慣、行動力、人徳、人間力など、いろいろなポイントがありうるでしょう。

相手の尊敬ポイントを探すというプロセスは、恋愛を長続きさせるうえでも、非常に大切です。

というのも、燃え上がるような恋愛感情が落ち着いたころ、相手に尊敬できるポイントがないと、「あれ、私はなんでこの人と一緒にいるんだろう……」と思ってしまうことがよくあるんです。

もし、どれだけ探しても尊敬ポイントが見つからないのであれば、それはあなたが彼のことをちゃんと見ていないか、尊敬できないようなしょうもない男性であるかのどっちかやで?

ほめる

世の男性のほとんどが、「俺のことをもっとほめてくれ!」と思っています。正直、男性はほめておけばなんとかなる部分は多いです。

だからといって、「すごーい!」「すてき!」「へー! そうなんだ!」といった単純なほめ方では、あまりにも芸がありませんし、男性によっては「コイツ、どうせ誰にでも言ってんだろうな」と思われかねません。

1ランクも2ランクも上のほめ方を、あとで伝授しますので、ぜひともほめマスターになりましょう。

寄り添う

男性が自分の傷口や弱みを見せてきたとき、ばつぐんの攻撃力をみせるのが「寄り添い」です。

やり方は簡単。相手の話の腰を折らずに最後まで聞いて、ひたすら相手の感情に共感する、これだけです。

しかし、まず前提として、男性がそう簡単に傷口や弱みを見せてくると思ったら大間違い。

実は、**先ほど説明した「理解する」「認める」「ほめる」が1つのサイクルであり、このサイクルをくりかえすことでようやく、男性は「この子にはなんでも話せてしまうな」という状態になる**んですよ。

よく、「私の好きな人は強がってばかりで、弱みを見せてきません」と言う女性がいますが、これは男性がその女性に傷口や弱みを見せる価値がないと思っているから、見せてこないだけです。

見守る

愛情とは、相手の側にいて何かをするだけが愛情ではありません。ときには何もせず、「見守る」ことも、立派な愛情になります。

人は誰でも、「1人になりたいとき」、「そっとしておいてほしいとき」があります。

このときその人が求めているものは「放置」なんですよ。

それを理解していない女性が、自分の不安感を埋めるために、なんとか相手の側にいようとしたり、連絡をとろうとしたりするのですが、これは自分の欲求を満たしているだけ。相手の求めているものをまったく満たしていません。

「そんなんでよく相手のことが好きとか言えたな」となるわけです。

奇をてらう

日本人はみんなと同じだと安心する民族です。

が、しかし。あなたの好きな男性に恋のライバルが多い場合、彼の周囲にいる女性と同じようなことをしていても、たいして印象に残らないんですよ。

その女性たちと同じ土俵に上がらず、いかに自分のことを特別に印象づけられるかが大事というわけです。

恋愛において奇をてらう行動とは、相手の価値観・常識・予想をくつがえすこと。

奇をてらう、いわばトリッキーな女性であるためには、「普通だったらこうする」という常識を、ときに思いきって破ることが大切です。

どんな駆け引きをしようかなんて、余計なことは考えなくていいんです。それよりも「人がしなそうなことでやれること」を考えてください。

相手に「こんなことをされたのは初めて」「ここまでしてくれたのは初めて」と思わせることができれば、勝ちですね。

私のことを一生忘れられなくさせてやる、これぐらいの気持ちでいてください。

「彼がどう思っているか」なんてどうでもいい

彼の行動を深読みしても、収穫ゼロ

恋愛がうまくいかない女性は、「彼がどう思っているか」を常に考えがちです。

「彼は私のことどう思っているんだろう」

「あのとき彼はどう思ったんだろう」

といった感じです。

あのですね。1つ、言ってもいいですか?

相手の考えてることなんか、超能力者でもない限り、いくら考えても100%わかるわけないやろ。

女性は男性が思いを言葉で表現してくれると安心する傾向にありますが、そこに行動がともなっていない限り、いくら嬉しいセリフであっても、その言葉にはなんの意味もありません。

相手の考えていることをつい深読みしてしまう気持ちも、わからなくはありません。でも、あきらかに以前と違う好意的な言動、行動が続いていない限り、残念ながらまだ恋愛感情は抱かれていないんです。

なぜなら、Ｃｈａｐｔｅｒ１でお話したとおり、恋愛感情を抱くまでに相手がとっている行動は、そのときの気分だから。

恋がうまくいきやすい女性は、実はあまり相手のことを考えていなかったりします。

「相手が自分を好きかどうかなんて関係ない」、「私がやりたいようにやる」という意識が強い傾向にありますね。

もちろん、相手の気持ちを汲むことは大切だし、彼がどういう性格で何をされたらいやなのか、何をされたら嬉しいのかといったところを知っておくことは大切。

しかし、「あのとき彼はどういう気持ちだったんだろう」と考えるあまり、「こんなふうに思っていたらどうしよう」や「嫌われたかも……」なんて、いくら考えてもしょうがないんですよね。
相手の過去の思考は、関係を進めていくうえで、それほど重要ではありません。
むしろどうでもいい。

「そのうえで」どうするかを考える

よくある女性の思考パターンは、こんな感じです。

彼は私のこと、どう思ってるんだろう。
↓昨日会ったときは、素っ気なかったな。面白くなさそうだった。
↓そういえば、最近LINEの返信も減ってきたな……。
↓1ヶ月前に、私が電話で重いこと言っちゃったから。
そのときに「もうめんどくさい」って思われちゃったのかも……。

気づきました?

これ、全部過去のことしか考えていないんですよ。

考えても仕方がないことに頭を使っているわけです。

「じゃあどうすればいいのよ！」

そっくりそのまま返しましょう。

「じゃあどうすればいいか」を考えてください。

僕はけっして突き放しているつもりはありません。厳密に言うと、『そのうえで』どうすればいいか」を考えてほしいんです。

彼に避けられているかもしれない。
↓そのうえで、どうすればいいか。
彼に嫌われたかもしれない。
↓そのうえで、どうすればいいか。

恋愛において不安な感情が生じるのはしょうがないことではありますし、「不安になるんじゃねえよ！」とは言いません。

不安になったときほど、「じゃあそのうえでどうすればいいか」を考えるのです。

先ほど、恋がうまくいく女性は「相手が自分のことをどう思っているか」を気にしないとお話しましたが、彼女たちの思考を要約するとこのようになります。

「彼、今は私のこと相手にしてないな。じゃあこれから○○してみよう。ダメだったら、次は××してみよう！」

相手にされていないから「どうせ私なんて」と思うのではなく、相手にされていない前提で「どうするべきか」を考えているんですよ。

最近では、「ネガティブなあなたもあなた自身だから、無理にポジティブにならなくてもいいんですよ」的な、綺麗ごとを並べている本やコラムが多いですが、どう考えてもポジティブに考えたほうがいいに決まってんだろ。

ネガティブに考えることが当たり前になっている女性は、「じゃあ『そのうえで』どうするか」を考える習慣をつけましょう。

セフレはセックスしてはいけない？

男性がセフレに求める役割

女性が書いた恋愛指南書では、「体の関係を持つのはやめて、あなたの内面の魅力で彼を振り向かせましょう！」なんて綺麗ごとが書かれていることが多いです。

でも、「そんなことしたら、楽しみが1つ減るだけだろ」というのが男の本音なんですよね。

セフレの女性に対して、男性が求めている役割は、「友達」と「セックスができる相手」。いわば「楽しさ」と「気持ちよさ」の2つを求めているわけです。

「楽しさ」がなくなってしまうと、本当に「ただ、体の関係を持つだけの関係」になってしまい、また「気持ちよさ」がなくなってしまうと、「ただの女友達」になってしまいます。

しかも、セフレ状態から脱却しようとしている女性の多くは、相手の男性に執着し、依存してしまっているため、友達の役割ができていない場合がほとんどです。

・嫌われないように、理不尽なことをされても我慢する
・好かれようとして、媚《こ》びる
・彼の気持ちを手に入れようとして、不自然な駆け引きをする
・彼に振り向いてもらうために、尽くす

こんな「友達なら、まずしない」行動に、心当たりはありませんか?

これらを「セックスなし」で女性からされた場合、「コイツと遊ぶくらいなら、男友達と遊んだほうが楽しいわ」となり、連絡の頻度があからさまに少なくなって、会うことがさらに困難になるわけですよ。

以上の理由から、セフレ関係におちいったとしても、体の関係はなくさないほうが良いということになります。

体の関係を絶ったほうがいいとき

ただし、もちろん例外もあります。その例外とは、次の2つの場合です。

①抱かれていることで、彼に愛されていると実感してしまう
②嫌われたくないから、気分が乗らなくても抱かれてしまう

①については、セックスをしてつかの間の愛情を感じることで、自分の心の隙間や不安を、相手に埋めてもらおうとしているんですね。しかし、そんなことをしても、心の隙間はふさがりません。むしろ、体を重ねるたびに、どんどん傷口が広がっていくものです。

さらに、行為中に自分の気持ちをここぞとばかりにぶつけたり、相手のことが好きすぎて泣いたりすると、男性側に「重さ」がダイレクトにのしかかります。そして、なんだかとても悪いことをしている気分になり、「もう会わないほうがいいかもしれない……」という思考になってしまうんですね。

これは、「相手に恨まれたくない」という心理の裏返しなのですが、ほとんどの男性はこの深層心理に気がつかず、罪悪感に押しつぶされそうになってしまう。

罪悪感を覚えてくれるような相手ならまだマシで、男性によっては「チッ、面倒くせえなあ」と、うっとうしさを感じることもあるわけです。

②については、単純に、相手に媚びているからダメなのです。
セフレという立場になると、相手に嫌われないようにと、いやなことをいやだとハッキリ言えなくなる女性が多いですが、気分が乗らないときは断るべきです。

ベッドに誘ってきている段階では、男性は性欲が勝っているので、相手の女性の気分が正しくわかりません。

しかし、行為後に女性が「そんな気分じゃなかったのに……」と自己嫌悪におちいっていると、その微妙な空気は、男性に伝わってしまうんですよ。


男性は言わないとわからない生きもののくせに、女性が自分に向けているであろう

不穏な空気だけは、なぜかすぐ察知します。

そうすると、「なんやねん、辛気臭い顔しやがって」となるわけです。

ちなみに、セックスの誘いをどのようにして断ればいいかですが、「今日はしたくないから無理」なんて言うのは、角が立つのでもってのほか。

おすすめなのが、第三者を引き合いに出して断る方法です。

携帯を見て、驚いた表情で、「ごめん！　今から友達が家に来ることになっちゃった！　彼氏にひどいことされたって、泣いてるんだよね。もう向かってるっていうから、帰らないと。ほんとにごめん！」という感じです。

なぜこの方法がおすすめかというと、友達や家族を引き合いに出されると、ほとんどの男性が、それ以上踏みこめないからなんですよ。

もしここで「そんなのどうでもいいじゃん」という感じでグイグイ来るような男性であれば、要注意。あなたの都合も気持ちも、まったく考えていないことになります。

そんな自己中は、やめとけ。

以上2つの例外に当てはまらなければ、セフレから本命になるために、あえてセックス絶ちをしようなんて考える必要はありません。

たとえセフレ関係であっても、とにかく自分と相手が楽しく過ごすことができれば、一般的によく語られているような恋愛の常識に縛られる必要はないんですよ。

本命から遠のく原因！真の「NG行為」とは

2番手の位置にいるとき、やってはいけない行為も押さえておきましょう。よかれと思ってやっていることでも、実はNG！　ということも多いんですよ。

本命コミュ障を発揮する

「○○な女と思ってもらいたい」あるいは「○○な女と思われたくない」から自分らしくない行動に出る、言いたいことが言えない、聞きたいことが聞けない……こんなふうに自分の素を出せずにいる状態を、本命コミュ障と呼んでいます。

これはよかれと思ってやっていることの代表格ですが、これがどれだけ恋の成就を難しくしているか、わかりません。

なぜ本命コミュ障がいけないかというと、あなたのダメなところだけでなく、魅力

もまた伝わらなくなってしまうからです。彼は、あなたの人となりがよくわからないままになってしまい、距離が縮まりません。

これは、恋愛に限らない話です。たとえば、仕事であなたが新人教育を任されたとしましょう。

あなたは新人に仕事を教えつつ、早く打ち解けて、職場の雰囲気にも馴染んでもらおうとして、コミュニケーションをとっていたとします。

しかし、その新人はいつまでたっても心を開かず、変な気のつかい方をしてきたり、ビクビクしながら媚びてきたりしたとしたら。

いくら仕事とはいえ、そんな相手と関わるのは、しんどくありませんか。これと同じことが起きるんですよ。

本命コミュ障という文字から本命の2文字を取ると、ただの「コミュ障」です。

あなたの接する相手は、失敗したら、あなたのクビを切る権限を持った上司でも、どえらい体罰をしてくる鬼軍曹《おにぐんそう》でもありません。

本来なら対等であるはずのただの異性を、あなたが勝手に上に見すぎているだけな

のです。

よく、どうでもいい男性からはモテるのに、自分がいいなと思った人には好かれないという女性がいますね。これは、どうでもいい男性相手だからこそ見せられている自然体が支持されているんですよ。

本命コミュ障を克服するためにはどうしたらいいかというと、親しい男友達のように接する、適度な本音を交えて話す、この２つが大前提となります。詳しくはＣｈａｐｔｅｒ３にてじっくりお伝えするので、お楽しみに。

関係性を確認する

「ねえ、私たちの関係ってなんなの？」と聞かれて「セフレだけど何か？」と、堂々と答えるような男性は少ないです。せいぜい「友達以上恋人未満」だと濁されるのがオチでしょう。

世の中には、付き合う確約をしていなくても付き合っている気でいる男性も存在します。しかし相手に彼女がいる、もしくは今は彼女いらないと言っている場合に、「付き合おう」という言葉がないのであれば、それが現時点での答えです。

かなりモヤモヤするかもしれませんが、ここはグッとこらえましょう。男性は逃げ道を断たれると、その場から逃げたくなってしまう生きものだということを忘れないでください。

好きと伝える

これもよくありませんね。

彼のことを好きすぎて「好き」と口にしたくなる気持ちはわかります。しかし、これも関係性の確認と同様、なんと答えていいか、非常に困るんですよ。

だって、まだ恋愛感情を抱いていなかったり、好きと言われても温度差がありすぎたりするから。「え、ああ。うん、ありがと」と返されるのが関の山です。

しかも相手によっては、好意を伝えつづけることが、結果的に自分の首をしめることにもなります。「コイツは俺のことを大好きだから、放っておいても大丈夫だろう」と思われてしまうということです。

言いたいから言う、ではダメなんです。

残念ながら、あなたの純情な感情は、3分の1も彼に伝わっていません。彼と付き合ったら、たくさん「好き」と言えると思って、今は我慢しましょう。

察してほしいと望む

女性は口に出さずに態度で「わかってよ！」と示す人が多いです。

これね、非常に面倒くさいです。

というか、何十年連れ添った夫婦ですら、相手の思いがわからないことがあるのに、たかだか数ヶ月や数年程度の付き合いで「言わなくてもわかってくれるだろう」と思うこと自体が傲慢《ごうまん》ではないでしょうか。

女性が「察して」モードに入りやすいのが、デート中の彼の態度がなんか冷たい、素っ気ないと感じたとき。

「私と会うのがいやなら言ってほしい（そうでないなら、そんなことないよ、楽しいよと言ってほしい）」などと考えて、いやなオーラを出しそうになったら、こんな感じで聞きましょう。

「あれ？　なんか疲れてる？」

こうして聞くと、ほとんどの場合が、「そうなんだよ。仕事がハードで疲れがとれなくてさー」とか「昨日夜更かししすぎて、眠いんだよね」といった感じで答えてくれるでしょう。

相手が冷たく見えたり素っ気なく感じたりする原因のほとんどが、「疲れ」と「眠さ」です。そもそも会うのもいやなら、約束しないし、来ないからね？　相手の態度を深読みする前に、ちゃんと聞きましょう。

駆け引きをする

ちまたには「男性を虜にする恋愛・駆け引きテクニック」的なものが多々出回っていますが、惚れこんでいない女性からいくら駆け引きされても、響かないどころか、場合によっては嫌悪感しか覚えないというのが男の本音です。

残念ながら、小悪魔テクニックや駆け引きというものは、生まれながらにして小悪魔要素を持っている女性だけができること。その性質がない女性は、いくらがんばっても身につきません。

しかも駆け引きというのは、素人がやると、ただの無礼になることがよくあります。たとえばデートを終えたあと、男性が時間もお金も使ってくれたにもかかわらず、「私が連絡しないほうが、不安になって追いかけてくれそう」と思って、あえて連絡をしない場合。

アホか。人として失礼や。お礼はちゃんと言え。

とくに草食系には、他の男性の影をちらつかせるような駆け引きは地雷になるので、ご注意を。

本命になれた！

リアル・ストーリー

僕のクライアントさんで、実際に2番手から本命にランクアップした女性の体験談をご紹介します。これを読めば、大逆転はけっして夢物語ではないことが腑《ふ》に落ちるはず。

CASE 1

えまさん（20代後半、大阪在住）

同じ歳で、趣味の野球観戦仲間だった彼。学生時代から付き合っている彼女がいるとわかっていましたが、酔ってうっかりホテルに行ったことをきっかけに、セフレになりました。

自分からは、絶対に連絡しませんでした。でも、連絡がきたら即返信&できる限り、断りませんでした。

一般的には、都合のいい女的な行動だったかもしれません。でも、藤本先生は「楽しめるなら、会って距離を縮めたほうがいい」と言ってくれていたし、会えるときは会っておいてよかったと思います。

それに、付き合ってから彼に「お前がすごかったんは、絶対に自分から連絡してこなかったとこやな〜」とほめられたので、間違っていなかったと思います。

あと、彼が喜んでいたなと思ったのは、「彼女は愛されてて幸せやし、私は私で楽しいし、女の子を2人も同時に幸せにできるなんて、すごい能力だねー！(笑)」という言葉です。

「彼女のこと、とても大切にしてるよね。そういうところも魅力的だと思う！」と言ったときも、ご満悦でした。

会えなくてさみしいときも、もちろんありました。彼の誕生日当日に、本当はお祝いしたかったけど、スルーしたり……。

そういうときは、ひたすら過去のやりとりの履歴を読み返して、暇つぶしです。「本命になる方法」とかも検索しまくりました（笑）。

関係が4ヶ月くらい続いたころでしょうか。彼が彼女と別れる気配も感じられず、こんなことをしていていいのかという疑問が大きくなってきました。

そこで思いきって、軽めに告白&決意を伝えることに。

「実は、どんどん好きな気持ちが大きくなってきてる自分がいて……。それによく考えたけど、この関係はやっぱり彼女に申し訳ないよね。私もちゃんと良い人を探して、がんばるねー！」とメールして、連絡を一方的に絶ちました。

状況が変わったのは1ヶ月後。急に連絡が増え、デートの誘いもがんがん来るようになったんです。

というのも、彼は彼女に振られてしまったんですね。

どうしようかなと、一瞬考えました。もちろんすごく嬉しかったんですが、私で妥協されているのかも、とも思って。

でも、彼はフリーだし、積極的だしということで、やっぱり突き進むことに。頻繁に会うようになって、すぐに「やっぱりお前しかいない。正式に付き合いたい」と告白されました。

彼が振られてなかったら、本命になれていなかったかもしれないなという気も若干はしますが、今はとても幸せです。

✧ From 藤本 ✧

たしかに、えまさんが本命に昇格したきっかけは、彼が彼女に振られたからかもしれません。でも、彼の心にえまさんが強く残っていたからこそ、別れたあと、すぐにアタックをしてきたわけです。

彼とうまくいかないからといって、いっそすべて壊してしまえ！　とばかりに、思いっきり彼に言いたいことを言いまくって嫌われて関係を断つ人が、たまにいます。これは、その彼を忘れて次にいくための儀式としては、1つのやり方かもしれません。

しかし、このえまさんのように、状況が悪いときにいったん「美しく離れておく」ことで、何も努力しなくても、彼が自然とこちらにすり寄ってくる可能性も残せるんですよ。

Chapter 3

彼の態度が劇的に変わる、行動のルール

（発展編）

本命女は、こう素を出す

さて、Chapter2では、男性を落とす恋愛7大原則と、本命から遠ざかるNG行為について説明しました。

ここからは、7大原則を実践し、かつNG行為を避けるための方法を、より深く、詳しくお話しします。

かなり具体的な話になってくるので、がっつり身につけようという気持ちを持って、ついてきてください。

素を出しやすい状況を、自分で作る

まずは、意外と多い「本命コミュ障」を克服する方法から、お話ししましょうか。

さきほど、そのコツは「親しい男友達のように接すること」と「適度な本音を交えて話すこと」とお話ししましたが、そうは言っても「それができれば苦労しないし……」と思われる方も多いかもしれませんね。

ここは、より細かい目標を立てることで、自分の行動を変えていきましょう。

たとえば、彼と会う前に「相手に対して言えなかったり聞けなかったりしたことをしてみる」、「相手に対してできないと思っていたことをしてみる」というような目標です。

このように、**相手に対して制限していた言動をあえて行うことで、そこから一気に素を出しやすくなることがよくあるん**ですよ。これを僕は「素を出すトリガー」を引く行為、と呼んでいます。

「素を出すトリガー」の具体例を、シチュエーション別にいくつか考えておいたので、参考にしてみてください。

あえて図々しくいく

たとえば彼と、食事や飲みに行ったとしましょう。

食事が出てきたとき、たとえばサラダなどは、ふだんのあなたならサッととりわけていたかもしれませんが、今回はあえて手を出さず、少し待ってみてください。彼がとりわけてくれるかもしれません。

ここで本命コミュ障になる女性は、「気が利かない女だと思われたかも……」と不安になります。

ちゃうねん。そんなんどうでもええねん。

コミュニケーションを止めるな。

ここでもう一歩踏みこむと、「素を出すトリガー」が引けます。

素直に相手の好意を受け入れ、感謝したうえで、さらなるリクエストをしてみるんです。

「私トマト好きだから、多めに入れてほしい（笑）」とか「今、野菜不足なんだよね。だから、たくさん盛って！」という感じですね。

「調子に乗ってると思われて、嫌われたらどうしよう……」なんて考えないでいい。

こんなことぐらいで嫌うような神経質な男性なんて、ほとんどいませんよ。

むしろ男性は頼られたり甘えられたりするのが性質的に好きなので、なんの地雷も踏んでいないです。

心配なら、図々しい発言をしたあと、こう付け足しましょう。

「ありがとー！　気が利かない女だなって思ったでしょ（笑）。本当はもっとできる子なんだよ！」

こうして自分の至らなさをあえて口に出して、憎めなさを演出するんですよ。

ただし、1つ注意したほうがいいのは、個々に自分が食べたいメニュー（定食など、シェアを前提としないもの）を頼んだシチュエーションです。

そこで女性から言われる「ちょっとちょうだい！」は、うっとうしいと思う男性も多いです。

「私のもあげるから！」と言われても、「いらんわ！　俺はこれが食べたいねん！」と内心思っている場合がありますので、このやりとりは控えましょう。

あえて失敗を口に出す

本命コミュ障の女性の多くが、何かやらかしたと思うたびに、そこでコミュニケーションを止めます。

しかし、そういったときこそ、チャンスです。失敗を口に出しましょう。

たとえば、「私、料理のとりわけ、めっちゃ下手だよね（笑）」とか「魚食べるの下手すぎて泣ける～」という感じです。

すると相手は、「別にいいよ（笑）」などと、さらっと受け入れてくれることがほとんどだと思います。

「失敗してしまったしどうしよう」といくら考えたところで、相手が自分を受け入れてくれるかはわかりません。

でも、失敗を口に出すことで、相手は意外と広い心で受けとめてくれると実感できれば、そこから素を出しやすくもなるでしょう。

あとは失敗ではありませんが、緊張しているとき。あえて平静を装わず、緊張していることを伝えてしまいましょう。

そうすることで「緊張しているから、ぎこちなくてもしょうがない」という免罪符をもらえるんですよ。

「でも、そんなこと言ったら、彼のことが大好きだってバレちゃう！　恋愛本には、付き合う前の相手に、恋愛感情を１００％見せちゃダメだって書いてあるのに！」

そんなふうに思う人もいるかもしれませんが。

あのなあ。そんなしょうもないこと考えてるから、いつまでたっても、本命コミュ障から抜けられへんねん。

大事なのは、自分の好意を隠すことじゃなくて、どうやって目の前の相手と今よりも仲良くなって、距離を詰めるかということ。

緊張していると言われただけで「コイツは俺のこと好きなんだな」と確信する男性なんて、ほとんどいないと思いますよ。

僕の話で恐縮ですが、過去にちょっといいなと思っている女性と初めて飲みに行くことになったとき、待ち合わせ場所に現れた彼女からこんなことを言われたことがあります。

「なんか緊張しちゃってたから、実は家でちょっと飲んできたんだよね（笑）。でもまだそこまで酔ってないし、大丈夫だよ！」

受けとり方は人それぞれですが、少なくとも僕は、会話をスムーズに始めるための彼女なりの気遣いだと感じ、可愛いなと思いました。

あえてディスる

以前、とあるキャバクラに行ったときのこと。

ついてくれた女の子に、僕の名刺（悲恋改善アドバイザーという肩書き入り）を渡したところ、リアクションが印象的でした。

「えっ、悲恋改善アドバイザーって、どんな仕事？ 元ホストクラブオーナーってことは、絶対、昔遊んでたでしょ!? 逆にだまされそうで怖い（笑）。ていうか、なんでこの仕事やろうと思ったの？ 聞いたことない仕事だし、めっちゃ興味あるんだけど！」

失礼なことも言われているのに、なぜか悪い気がしないこのセリフ。

なぜそう感じたかというと、ちゃんと相手に興味をもっている聞き方なので嬉しかったのと、「思ったことを率直に口にした」発言なので、彼女の本音が垣間見えたからだと思われます。

コミュニケーションはある程度本音を交えないと、お互いが腹の探り合いのような状態になり、距離を縮めることができません。

心を開いてくれない相手に、こちらも心を開くかという話です。だから、自然体でいることは大切なんですよ。

多少失礼な発言をする、いわゆる「ディスる」ことも、私は心を開いて本心から話していますよ、と相手に伝える方法の1つなんです。

相手が笑いをとろうとしてちょっと外してしまったときに、こんな感じで言ってみるのもおすすめです。

「あれ？　あなたの面白さって、その程度じゃないでしょ？　今のは本気じゃないはず！（笑）」

笑いをとることが好きな男性なら、「もっと笑わせてやろう」と、闘争心に火がつきます。しかも「俺のことを面白い男だと思ってくれている」という前提があるので、これまた悪い気はしないんですよね。

以上のようなディスりはハードルが高いようであれば、「絶対ウソだー！」や「またまた、思ってもないくせにー」といった感じで、小さなツッコミを入れてみてはいかがでしょうか。

本命女は、こう理解する&認める　1

――恋は情報戦、覚悟を持って情報をかき集める

次は、恋愛7大原則のうち「理解する」と「認める」を、深掘りしていきましょう。クライアントさんに接するなかで、相手の情報収集に対する意識の甘さを感じることが多いので、まずはそこからたたき直していきます。

恋愛勝率9割、その秘密は「カレノート」

知り合いに、今までの恋愛勝率が9割だと豪語する女性がいました。彼女が男性を落とすためにやっていることを聞いたら、その勝率にも納得。

「私ね、高校生のときから、『カレノート』をつけてるんです。好きな人ができると、その人とのやりとりを全部、書き留めておくんです。だって、どれだけ覚えようとしても、必ず忘れちゃうじゃないですか！」

すさまじいほどの、恋愛バイタリティ。そりゃ勝率9割にもなるわ。

そんな彼女の「カレノート」、実際に見せていただいたところ、想像以上の衝撃を受けました。

どんなことが書かれていたかは、次のとおりです。

- どんなファッションでデートに現れたか
- そのファッションはどこのブランドか
- こだわりがある小物は持っていたか
- 何を話したか
- 何を食べていたか
- 何を飲んでいたか
- どの話題に一番食いつきが良かったか
- 印象に残った彼の発言
- 帰ってから、どんなやりとりをしたか

いかがですか？　ここまで好きな異性に興味を持って接している女性が、どこまでいるでしょうか。

「カレノート」は、まだまだこれでは終わりません。

◆反省点

・○○の話題を掘り下げきれなかったから、次はもっと掘り下げよう

・あの小物にこだわりがあるようだったから、ブランド名をさりげなく聞こう

うーむ。すごいぜ「カレノート」。

ここまで徹底して自分のことに興味を示してもらえると、男性の性質上、水を得た魚のように「もっと俺のこと知ってくれよ！　こんなんだよ俺！」という感じで、どんどん自己開示してくることでしょう。

相手に気持ちよく語らせたら勝ち

では、あなたが「カレノート」をつけるとしたら、を考えましょうか。

まず、相手から情報を引き出すために、男性が話しやすい話題を3つあげましょう。

それは、**「仕事」、「趣味」、「将来の夢」**です。

このどれかをがんばっているのであれば、男性は必ずと言っていいほど、その話題についてぺらぺら語り出します。

ただ、仕事に関してでは、がんばっていても「やりたくないけどがんばっている」という場合があるので、そこは注意が必要。あまり深掘りせず、引き上げましょう。

ちなみに、この3つのどれもがんばっていない男性は「なあ、生きてて楽しいか?」という状態でして、僕は声を大にして「そんなしょうもないやつはやめとけ!」と言いたいです。

この2人を見習えば、質問力が一気にUP

話を引き出すには、こちらからいろいろと質問することも重要です。

そこで意識してほしいのは、ピンポイントで具体的に質問することです。

質問が下手な人は、ざっくり、雑な聞き方をします。

たとえばアーティストのインタビューでもそうです。一流ボーカリストに「なんでそんなに歌うまいんですか？」と聞くインタビュアーはいないはず。

そこで「あなたはすごく高いキーを多用する曲が多いですが、高いキーを出すためにふだん気をつけていることはありますか？」と聞けるのがプロです。

これを日常会話で置き換えてみましょう。

「最近仕事どう？」というざっくりした質問には、「うーん、まあ、ぼちぼち」というレベルの答えしか期待できません。

しかし、「そういえば昨日、会議があったって言ってたよね。あなたが考えた企画を提案するって言ってたけど、うまくいった？」という感じで聞けば、「そうそう、実はさ……」という感じで、話が広がります。

とはいえ、いきなり質問力を上げるのは、至難《しなん》の業《わざ》です。

そこで、質問のスペシャリストとして参考にしていただきたいのが、黒柳徹子さんとタモリさんです。

「徹子の部屋」と、今はなき「笑っていいとも！」の司会であるこのお2人は、ゲストの誰とでも、会話をふくらませることができる人です。

ゲストのなかには、口数の少ない人もいるわけです。しかし、相手が話さないからといって、司会者も黙っていては、トーク番組は成立しません。

では、このお2人が、なぜ誰とでもうまく会話ができるのか。

それは、博識であることももちろんですが、**相手が専門的な会話をしてきて、その話題についていけなかった場合、自分が知りうる限りの知識と相手の専門的知識をつなげる力があるんですね。**

この自分の知識と相手の知識をつなげるとは、具体的にどういうことか。

たとえば、相手の趣味がバス釣りだったとしましょう。しかし自分は、バス釣りにまったく興味がないうえに、やったことすらなかったとします。

ここで、「知らない、興味ない」からと話題をスルーするのは、本命になれない女性です。本命になれる女性は、知りうる限りのバス釣りの知識を総動員します。たとえば、こんなふうに。

・昔、従兄弟が「バス釣り」のゲームをやっているのを見たなあ
・エサは生きものじゃなくて、ルアーだったような……？
・釣り竿にもいろんな種類があった気がする

この少ない知識を、「私ぜんぜん釣りのこと知らないんだけど、ちょっと聞いてもいい？」という前置きをして、次のような質問につなげるんですよ。

・バス釣りって、釣ったバスは食べられるの？
・エサはたしか、ルアーだよね？　なんで生き餌をつけないの？

・釣り竿って、メーカーによって差があるの？

男性はきっと、大真面目に答えてくれることでしょう。

なかには「お前、そんなことも知らないのかよ～」と言いながら、上から目線でレクチャーしてくる男性もいるかもしれませんが、本来男性は教えたがりの生きものなので、気にしなくていいです。

男性からすると、興味なさそうにスルーされるよりも、こうやって質問してくれるほうが、ちゃんと自分に興味を持ってくれているんだなと感じて嬉しいもの。

なので「こんなくだらないこと聞いたら、アホだと思われるかも」なんて物怖じせずに、どんどん質問してみましょう。

馬鹿な女性は賢い女性を演じようとし、賢い女性は馬鹿になりきれるものですよ。

彼女の情報は、つらくても苦しくても聞く

彼女持ちの男性を攻略する場合もあるでしょう。その場合、彼女との現在の関係は

できるだけ聞いておいたほうがいいです。

なぜなら、恋は情報戦だから。

相手と彼女の関係性がわからないというのは、スポーツでたとえると、ライバルのデータがまったくない状態で戦いを挑むようなものです。

彼と彼女がいい感じのときに積極的にいきすぎてウザがられたり、あまりうまくいっていないときに引いてしまい、チャンスを逃したりする結果になりかねません。

もちろん、好きな男性の恋人情報なんて聞きたくないという意見はごもっとも。そういう女性がほとんどではないでしょうか。

しかし、いくら聞きたくないからといって、絶対にスルーするなよと言いたい。

好きな相手から恋人の存在を直で聞くのは、かなりのショックでしょう。

「あっ、そうなんだー」と普通に返したくても、ダメージを受けすぎて「あっ、あっ、あっ」とつっかえてしまうかもしれません。

だけどもだ、け、ど。

ここはできれば、もうひと踏ん張りしてほしいところです。

顔で笑って心で泣いて、私は何も気にしてませんという素振りで「へー、そうなんだー。どれぐらい付き合ってるの？」といったように、さらに踏みこみましょう。

交際相手の情報は、交際年数、性格、うまくいっているかどうか、最低でもこの3つは聞いておいたほうがいいですね。

たまにあるケースで、好きな男性に恋人がいるのを確認せず、セフレ関係を続けていたところ、「ちょっと話があるんだ」と彼に呼び出されて「もしかして告白!?」と思ってウキウキ気分でいたら、「ごめん、言ってなかったけどずっと付き合ってた彼女と結婚することになった。だからもう会えない」なんて言われることも、実際にあるんですよ。


彼に彼女がいる場合、あなたに彼が恋愛相談を持ちかけてくれるようになるぐらいの関係性になれたら、理想的ですね。


よく言われていることですが、恋愛相談を異性の友達にしている間に、いつの間にかその友達と付き合うことになったという事例はかなり多いんですよ。

それは、恋愛話をしている間、男性は男の顔になり、女性は女の顔になるから。お互いが恋愛モードになって話をしている状態になるので、恋仲になりやすいというわけです。

だからこそ、初めはつらくても、彼の恋愛相談はどんどん受けたほうがいい。

もし、聞いているうちにどうしてもこらえきれなくなってきたら、「ごめん、ちょっとお手洗いに行ってくる」などと言って、いったんその場を離れましょう。

Ｃｈａｐｔｅｒ２でお話したように、男性は女性が何かを言いたげに我慢していると、その変な空気を察知します。そうなるくらいならいっそ、その場から離れたほうがはるかにましです。

そしてトイレで平常心をとり戻しましょう。平常心を保てた人間が恋愛を制します。険しい道のりかもしれないけれど、筋肉と同じで、心も傷つかないと強くなりません。

現に、彼女持ちの男性に恋したクライアントさんたちの多くが、「最初はものすごくキツかったけど、だんだん慣れてきました」と、僕にご報告してくださいます。

自ら2番手から本命になるという茨道に進んでるのに、傷つくことを恐れていては、うまくいくわけねえだろという話ですね。

ちなみに、「彼が他の女性や元カノの話をよくしてくるんですけど、脈がないってことですか?」と聞いてくるクライアントさんがよくいますが、それはぜんぜん違います。

男は、女性関係の話を、昨日の夕飯の話をするかのようにできる生きものです。そこに深い意味はありません。だから気にすんな!

本命女は、こう理解する&認める 2
――情報を上手に使って、彼の心に入りこむ

彼のおすすめをスルーするのは、チャンスを握りつぶすこと

男性からの「やってみ？」「行ってみ？」「食ってみ？」「見てみ？」は、ものすごいチャンスです。できる限り、即、試してみることです。

これらを好きな男性から言われているのにもかかわらず、「ふーん、興味ない」で終わらせてる女性の、多いこと多いこと。

あのな、それってチャンスを自ら潰してることになるんやで？

逆の立場で考えてみましょう。たとえばあなたが観て感動した映画や音楽を友達にすすめて、「あの映画観たよ！　すっごい良かったね！」とか、「あのバンドの曲聴いたら、最高だった！」なんて言われたら、嬉しくなりませんか？

「やってみ？」「行ってみ？」「食ってみ？」「見てみ？」これらすべてをすぐに実践すれば、彼のあなたに対する好感度は一気に上がります。

このように、男性の趣味、趣向を真似るのは、けっして媚《こ》びているわけではありません。好奇心を持って、知らない世界を知ろうとしている、ただそれだけのことです。

さすがに、すべて試すことはできないにしても、ネットで調べて、気になった部分だけを伝えるだけでも、印象は変わってきます。

なかには、まったく興味を持てないジャンルもあるでしょう。しかし、自分が興味を持てない話というのは、自分の知らない世界ということです。好奇心を持って触れてみることで、世界は確実に広がります。

新たな挑戦は「飽きられない女性」になる近道

新しい経験は、価値観と感性の幅を広げることに役立ちます。また、話題もボキャブラリーも増えます。そうやって常にアップデートを繰り返している女性は、男性から飽きられにくいんですよ。

一方、男性に飽きられやすい女性は、この経験と知識が少なく、変化もあまりないままなんですね。

いくら相手の心を打つ接し方ができたとしても、経験も知識も少ない薄っぺらな状態では、「悪くないんだけど、なんかコイツと話してても、つまんねえんだよな」で終わってしまいます。

そうならないためにも、彼のおすすめを実践するなど、好奇心を持って、さまざまなことにチャレンジしてみてください。

ただし、セックスの経験や、ワイドショーで得た芸能知識をいくら増やしたところで、男性からすると、「俗世間にまみれた尻軽女」としか思われないのでご注意を。

本命女は、こうほめる

さあ、彼のことを理解し認めることができれば次は「ほめる」の段階です。わたくし藤本が、あなたをほめマスターにしてしんぜよう。

わかりやすい魅力は、ほめても効果薄

「ホメ」というものは奥が深いもの。人がほめそうなところをほめても、あまり意味がないんですよね。明らかにかっこいい人に「かっこいい」と言ったところで、言われ慣れているので、心に響きません。

それよりも、他の人がほめなそうなところを探し出し、ピンポイントでほめていくことが大切です。

たとえば相手のルックスをほめるのなら「顔全体」をほめず「パーツ」をほめる。

「○○君の目って、一見すごく冷たそうに見えるから、最初は怖い人なのかなって思ったけど、話してみると違うね。すごく温かい感じがして、癒される〜」

「○○君の鼻すじ、日本人離れしてるよね。凛々《りり》しくて、いかにも仕事できそうって感じがする！」

こんなふうに、ほめポイントというのは、探せばいくらでもあるんですよ。

- ルックス
- 仕事ぶり
- 相手の趣味
- ファッション
- 身につけているもの
- 声、話し方
- 所作
- 全体の雰囲気（清潔感がある、落ち着いている、頼りがいがありそうなど）

などなど。

「探しても、これといってほめるところがなかったらどうするの？」

知らんわ！　たまには自分で考えろ！

というか、相手のほめポイントが見つからないのは、まだまだ相手を観察しきれていないということです。というか、そんな相手を好きになってどないするねん。

男がグッとくる、ほめテクニック3選

ただ「すごいね」と言うだけが、ほめるということではありません。いろいろな角度から切りこんで、彼の心をがっつりつかんでやりましょう。

・ひとりごとぼめ

これは思わず出たひとりごとが、ほめ言葉になる、というやり方です。

たとえば、彼が何かためになる話や鋭い意見、成功体験を語ってきたとき。相手にぎりぎり聞こえるかどうかの声のトーンで、「やっぱこの人、すごいなあ……」と、つぶやきましょう。

このとき、首を小さく横に振りながら言うと、「本気ですごいと思っている感」が伝わりやすいのでおすすめです。

この「ひとりごとぼめ」は、あなたが大笑いするような話を彼がしてきたときも使えます。

彼の話にひとしきり笑ったあと、笑いがおさまったタイミングを見計らって「やばい、面白すぎ……」と小さく口に出して、笑いすぎて涙が出たというていで、目の端を指でぬぐいます。涙が出てなくてもやったもん勝ちです。

「ひとりごとぼめ」の極意は、思わず出てしまった本音と、さりげない動作がセットだと、覚えておいてください。

・裏返しぼめ

これは正反対の言葉を同時に伝えるほめ方です。どういうことかというと、たとえば「力強さのなかに繊細さがある」といった感じです。

グルメレポーターがよく使う、「甘さのなかに、ほのかな辛みがあって……」という表現が、まさにこれですね。

「裏返しぼめ」を恋愛シーンで使うと、こんな感じになります。

「あなたって、雰囲気はクールだけど、本当は熱い男だよね」

「ワイルドなのに、上品なところがすてき！」

「厳しいだけじゃなくて、優しさも感じるアドバイス、ありがとう」

・ディスりぼめ

「裏返しぼめ」の応用編、といえるかもしれませんね。相手をいったん落としてからほめるのが、この「ディスりぼめ」です。

たとえば、「あなたって本当に頑固よね。でも私は、芯が通ってて好きだけどね」という感じです。

「最初はチャラそうに見えたけど、実は真面目でびっくりした！」

「俺様キャラに見せてるけど、実はめちゃめちゃ周りの人のこと考えてるよね」

こんなふうにもアレンジできるでしょう。

さらに、「ディスりぼめ」を発展させたほめ方として「キレぼめ」と「呆れぼめ」があります。

「キレぼめ」は「もう！　なんでそんなに大雑把なわけ⁉　……まあ、細かすぎる男の人より、全然いいんだけどさ」というように。

「呆れぼめ」は「あなたみたいにむちゃくちゃな人って、ほんと疲れる（首を横に振りながら）。でも、一緒にいてスリリングだし、嫌いじゃないかも」というようにやれたら、理想的ですね。

「ディスる」「キレる」「呆れる」といった行為にまさかの「ほめる」をプラスするという思いきった掛け合わせで、あなたのほめ言葉は、グンと輝きを増しますよ。

ほめる理由・比較・心の声をセットにする

「仕事に対して、ストイックにとりくんでるところ、本当に尊敬する。だって、他の男の人って、つまんないとか辞めたいとか文句は多いのに、状況を変える努力はしない人が多いじゃん。その点、あなたってすごいなあ……。私もがんばろっと！」

このほめ方は、普通のほめ方のように見えますが、実は1ひねりも2ひねりも加わった、優れたほめ方です。

このほめ方の何が普通と違うかというと、ほめる「理由」を明確にし、「比較」対象を出して特別感を与えたあと、相手に触発された「心の声」を口に出しているところなんですよ。心の声は、「ひとりごとぼめ」と同じようなものです。

先ほどの台詞を分解すると、こうなります。

「仕事に対して、ストイックにとりくんでるところ、本当に尊敬する。（↑理由）だって、他の男の人って、つまんないとか辞めたいとか文句は多いのに、状況を変える努力はしない人が多いじゃん。（↑比較）その点、あなたってすごいなあ……。私もがんばろっと！（↑心の声）」

相手の考え方に共感したときは、こんな感じでほめることができるでしょう。

「なるほど！　その指摘は的確だから（↑理由）、すごく腑《ふ》に落ちたよ。〇〇さんも私も、そういう見方は思いつかなかった（↑比較）。視野が広いってすごくうらやましい……私もそうなりたいな（↑心の声）」

さて、いろいろなほめ方を伝授してきましたが、ほめマスターの道は一日にしてならず、です。

意中の彼だけに実践するのではなく、ふだんから友達や家族、職場の人をどんどんほめて、ほめスキルを磨いていきましょう。

ほめられるのが苦手な人も、たまにいる

ときどきですが、ほめられることが苦手な男性もいるので、補足しておきましょう。

どういう人かというと、それは、「ほめられ慣れていない人」と「うしろめたい気持ちを抱えている人」です。

・ほめられ慣れていない人

これは、親からほめられた経験が少ない人に多いです。

どれだけがんばっても、ほめられず、もっともっと上を目指すようハードルを上げ

られてきた場合ですね。

本来なら十分な成果を残しているはずなのに、完璧を求めるあまり、満足できない性質になっています。

なので、こういったタイプには、とくに仕事ぶりや相手の能力をほめるのは地雷になりやすいですね。

ほめるのであれば、相手の人間性などの「成果」とは関係ないものに触れるのがいいでしょう。

・うしろめたい気持ちを抱えている人

たとえば、大きな罪を犯して、すごく罪悪感を抱えている人に対して、「ほんと○○さんて優しいですよね」なんてほめても、当の本人はきっと「いやいや、俺そんなんちゃうねん、犯罪者やねん……」という気持ちになるのではないでしょうか。

いつもはほめられると嬉しそうにする人が、ほめても微妙な表情だった場合、それはそのとき、何かうしろめたい気持ちを抱えているのかもしれません。

ただ、「私に対して、うしろめたいことしてるんだ！」なんて早合点しないように。それは仕事上のことかもしれないし、友達や家族に対してかもしれないわけです。

たとえば、仕事の成果をほめたとき、彼の心には「今回のプロジェクトは、俺が途中で大幅なやり直しを指示したせいで、同僚が奥さんの出産に立ち会えなかったんだよな……」などというモヤモヤがあったりとかね。

そういうときは、「あれ？　何かいつもと雰囲気が違うね。何かあったの？」と、さくっと聞きましょう。もしかしたら、思いを打ち明けてくれるかもしれません。

本命女は、こう寄り添う

彼女のいる男を落とす「いつもの手口」

僕が寄り添いを語るうえで外せない女性がいますので、まずはその方のことをお話させていただきましょうか。

その女性の名前はアンナさん。僕が20歳のころ、飲み友達としてつるんでいた年上の女性です。

彼女と飲んでいたある日、こんな話をしたんです。

アンナさん「ねえシゲ。彼女がいる男の落とし方って知ってる？」

藤本「わかんないっす。自分の魅力をがんがんアピールするとか？」

アンナさん「そんなの、自分を作ってるじゃん（笑）。私はそんなことしない」

藤本「えー。なんすか？　教えてくださいよー」

アンナさん「それはね、相手の傷口を見つけて、そこにそっと寄り添うことよ」

当時の僕は、「何言ってんだこの人」と思い、赤ワインを、味もわからないままぐいぐい飲んでいました。

でも、今となっては、この言葉の意味がよくわかります。

傷口とは、男性の弱さや悩み、そしてコンプレックスや過去のトラウマのことです。

相手が傷口を見せてきたら、何も言わずに男性を抱きしめて頭をなでることが、アンナさん曰く「私のいつもの手口」。

アンナさんは、こう続けました。

「男の人が弱ってるときはね、何かにすがりたくなるの。でも、あの人たちって、みえっぱりじゃん。自分からは絶対に弱みを見せてこないの。

だからね、最初のうちはとにかく相手が『コイツにはなんでも話せてしまうな』っていうポジションにいくことを目指すの。

そこまでいけばあとは簡単。

一緒にいるとき、なんだか相手の様子がおかしいなと思ったら、余計なことは言わずに、そっとしておくの。

そうするとね、ポツリポツリと自分のことを話し始めるから、口を挟まずに相手の話を最後まで聞いて、つらかったね、と言って抱きしめてあげる。

そうするとほとんどの人が、気がつかないうちに私のことを好きになってるの。すごいでしょ（笑）」

アンナねえさん、半端じゃねえ。

たしかにこの方法をやられると、男はグラッと気持ちが揺れ動いてしまう。

さて、Ｃｈａｐｔｅｒ２でもお伝えしたとおり、男性が傷口を見せてきたときにとるべき行動は２つ。

相手の話の腰を折らずに最後まで聞く。そしてひたすら相手の感情に共感する、これだけです。

注意点としては、余計なアドバイスはしないこと。「私の場合は〜」という主観や、「そういうのって世間では〜」という一般論は控えてください。相手はまったく求めていません。

ちなみに、相手が愚痴っているときも、寄り添いの方法が適用されますが、この場合はちょっと工夫をしましょう。

愚痴るという行為は、何かに憤りを感じているということでもあるので、**彼を上回るテンションで怒ったり悲しんだりするのが効果的**です。

「えー！　何それ！　許せない！　それは怒って当然だよ！」とか「そんなにがんばってるのに、悲しすぎるよ……。あなたの気持ちを考えたら、私まで悲しくなってきちゃった……」という感じで言ってみてください。

俺のためにこんなに怒ってくれる（悲しんでくれる）のかと、好意的に受けとめてもらえるでしょう。

ただし、彼の親しい友人や家族に対しての憤りに関しては、怒りの感情は見せないほうがいいですね。

「（友達や家族のことを）よく知らないくせに、お前が怒ることじゃないだろう」とも思われかねないので、注意してください。

この場合はとにかく聞くことに徹します。そして、「それは悲しいよね」とか「あなたの気持ち、わかる気がするなあ」といった感じで、ひたすら相手の感情に共感しましょう。

とにかく最後まで話を聞いて、感情を吐き出させてあげることができるといいですね。

本命女は、こう奇をてらう

いい男ほど、駆け引きではなびかない

ありきたりの駆け引きの代表的な例が、メールの返信を遅らせて相手を気にさせるというテクニック。今や知られすぎていて、これをやると、駆け引きしていることがバレやすいです。

バレないにしても、あなたの彼氏になる人が、駆け引きを使ってなびくような、しょうもない男性でいいのか？　という話になります。

あなたが振り向かせたいのは、おそらく、恋のライバルが多いモテる男性でしょう。そんな相手に、ありきたりな恋愛テクニックを使ったところで、何も印象に残りません。だからこそ、人がやらなそうなことをやってみる必要があるんです。

バレンタインに、チョコを贈るな

たとえば、年始の挨拶。毎年年末になると、「彼にあけおめメールをしてもいいですか?」というご相談をたくさんいただきますが、この質問に対して、僕はいつも「大晦日に送ってください」と答えています。

ある程度彼と親しい間柄なら、カウントダウンメールを送るのもありです。

「年越しまであと5分!」

「年越しまであと1分!」

「30秒」

「(0時を思いっきり過ぎてから)あ、カウントするの忘れてた。あけおめです!」

こんな感じです。

バレンタインデーも、トリッキーにいきましょう。

彼に渡すのは、別に「チョコ」でなくてもいいんですよ。むしろ違うものを渡したほうがいい。GODIVAは高級だとか、○○でしか買えない貴重なチョコだとか、そんなのどうでもいい。チョコから離れようや。

よく考えてほしいのですが、「甘いものが大好き」と、「甘いものはあんまり食べないけど食べられる」はまったく意味が違います。

後者の場合、正直なところ、チョコをもらっても迷惑です。はい、僕自身、思ってました。

甘いものが苦手な彼なのに、チョコを渡す女性もいますね。何やってんだと。

リサーチ不足だし、彼が甘いものが苦手なことを知ったうえで渡したのであれば、問題外です。そんなの、お酒が飲めない女性に日本酒あげるようなもんですよ。どう考えてもいらんでしょ？　って話です。

バレンタインデー＝どうしてもチョコを渡さないといけない日ではないんですよ。それならば、相手の好物をあげたほうがはるかに喜ばれますし、印象にも残ります。

彼へのお誕生日メッセージもそう。午前0時を過ぎたら一番に届けようと、時計をじっと見つめて構える女性は多いですが、これもありきたりです。

とくにモテる男性であれば、競争相手は他にもいるわけで、「誰が一番だったか」なんて、当の本人は覚えていません。

彼の誕生日メッセージを、いかに印象深いものにするか。

僕がホスト時代の誕生日、女性客からやられたのは「誕生日当日の23時59分に、お祝いメールを送る」という方法でした。そう、彼女は最後を狙ったのです。

どの女性客がどんなメールをくれて、誰が一番早かったかは覚えていませんが、最後にメールをくれた彼女のことだけは、いまだに覚えています。

ちなみにここに書いたことは、僕のクライアントさんたちが既に実践していることばかりなので、情報としては古くなっているわけです。

なので、日ごろから「人がやらなそうなこと」を考える習慣をつけて、「トリッキー脳」を作りましょう。

それでも、彼が振り向いてくれないとき

決して彼との関係性が悪いわけではないのに、一向に付き合おうとする兆しがない場合。

とくに恋愛7大原則をすべて実践している場合、ハッキリ言って、それ以上できることはありません。

なぜなら、あなたは彼にとっての一番の理解者であり、かけがえのない存在になっているからなんですよ。

こういった場合、どうやって交際発展までに持っていくか。Chapter1でも申し上げたとおり、あえて彼のことを「突き放す」ことでしか、心が動かないと思ったほうがいいでしょう。

言動ではなく、行動が答え

彼に彼女がいる場合、どれだけ「ちゃんと彼女と別れようと思っている」とか「お前のことは大事に思っている」とか「彼女とうまくいっていない」といったセリフを言われようが、彼が彼女との別れに向かって具体的な行動を起こしていないのであれば、それが答えです。

「アイツ（あなたのこと）のことは好きだけど、苦労して彼女と別れなくても、このままの関係が続けば楽だなあ」という甘えが、どこかにあるんですよ。

彼がいったんこの甘えを抱いてしまったら、いくらそばにいたところで、彼が彼女から別れを宣告でもされない限り、それ以上関係は進展しないと思ったほうがいいでしょう。

突き放しの正しいお作法

つらい気持ちは重々承知のうえですが、このような状態におちいったら、意を決して突き放しましょう。

「ごめん。もうこの関係を続けるのがつらくなっちゃった。だから距離を置きたい」

こう言うだけでいいです。

相手に彼女がいる場合は、ここに「彼女と別れるまで、もう連絡してこないで」と付け足します。

おそらく彼は、めちゃくちゃ焦ることでしょう。あなたの気を引くようなセリフも、たくさん言ってくるはずです。

しかし、ここで折れて、再び彼を受け入れてしまっては「もし次に同じことを言われても、とりつくろえばなんとかなるだろう」という甘えを、彼に抱かせることになってしまいます。

そうさせないために、「彼女と別れなければ、コイツとはもう会えない」という恐怖感と喪失感を、しっかり彼に与えてください。

もちろん、あなた自身にも、彼とこのまま永遠に会えないかもしれないという恐怖が襲ってくるでしょう。

しかし、ときには背水《はいすい》の陣《じん》で臨まないと逆転できないような状況が、人生にはあるんですよ。

自分の望む幸せを手に入れるために、ときにリスクをとって、覚悟を決めて進もうとするあなたを、僕は全力で応援します。

本命になれた！

リアル・ストーリー

僕のクライアントさんで、実際に2番手から本命にランクアップした女性の体験談をご紹介します。これを読めば、大逆転はけっして夢物語ではないことが腑《ふ》に落ちるはず。

CASE 2

ちあきさん（30代後半、千葉在住）

彼は元・職場の同僚です。ずっとかっこいいなと思っていたので、彼の転職が決まったタイミングで、勇気を出して飲みに誘ったんです。その日に体の関係を持って、でも付き合うという話は出なくて……セフレ状態がスタートしました。

結果的に、期間は1年弱でした。でも、もっと待てる自信はありました。

心がけていたのは、とにかく女友達のように、軽やかに接することです。自分の欲求は二の次、という気持ちでしたね。

それが窮屈《きゅうくつ》に感じるときもありましたが、そこまでがんばる価値のある相手かどうか？　を常に自問自答しながら進んでいたので、乗り越えられました。

価値のある相手だと、何度も再確認できた相手だからこそ、たとえセフレであっても、関係が続いていることが嬉しいなと心から思えたんです。

とはいえ、自分をコントロールするのはたいへんでした。そのため、自然とあまり連絡せず、会わないようになりました。

これは作戦というより、会っているときにエネルギーを使い果たしてしまうから、なかなか短いサイクルでは会えなかったんです。充電して、また会いたいと思うまで、1ヶ月以上かかったときもありました。

へんに焦って、たくさん会わなくちゃ！　と無理をしなかったからこそ、続けられたのかも、とも思います。

会っているときは相手の話によく耳を傾けて、情報収集につとめました。相手をよく知ることって、自分にとってもメリットが大きいんです。付き合ったとして、うまくやっていけそうか？　をよく考えるための要素になりますから。

自分のことは、勇気がなくてあまり話せなかったのですが、それは付き合ってから、いくらでも聞いてもらおうと開き直っていました（何を考えてるか、わからなくて困ったよ、と付き合ってから言われましたが……）。

本格的に「落ちた」きっかけは4つあったと、言われました。

1つめは、自分の話をたくさん聞いてくれて、内容もよく覚えてくれているなと感じたとき。

「よく俺のつまらない話をずっと聞けるよね、尊敬する（笑）」という言葉をもらいました。

たしかに彼はマニアックな趣味を持っていたので、私ほど聞いていられる人はなかなかいないだろうと自負していました。実際、そういうところが好きだったからできただけなのですが。

2つめは、セックスを楽しんでいるとき。

これは素で楽しんでいたので、相性が良かったのかもしれません。2人とも笑顔でいられたし、セックスをしたあとのほうが、本音で深い話をできていたので、絶対に必要な時間でした。藤本先生もおっしゃっているように、「体の関係はNG」というセオリーに囚われなくて良かったです。

3つめは、手作りチョコを渡したとき。

ふだんは重さを感じさせないよう、慎重にふるまっていたぶん、手作りというのがちょっと意外で、逆に心に響いたらしいです。

そして4つめは、自宅に彼を招いたときでした。

ずっと躊躇《ちゅうちょ》していたのですが、たまたま家の近所で会ったとき、思いきって提案してみたら、とても無邪気に喜んでくれて。お互い素を見せ合って、心底安心できた瞬間だったと思います。それからほどなくして告白されました。

告白されたときに、彼が自ら言ってきたのですが……実は他にも気になる人が2人いて、私を含めた3人を天秤にかけて悩んでいたそうです。しかも外見では、私はさほど好みではなかったとも。

でも、気づいたら私といるのが居心地良く、楽しくなっていたらしいです。

最初聞いたときは嬉しいのとショックなのとで複雑でしたが、今では、人がたくさんいる場所に行くと「君がこのなかで一番可愛い。本当に良い女性を選んだと思う」と言ってくれます。

✧ From 藤本 ✧

もっと待てる自信があったなんて、なかなか言えないセリフです。

このくらいどっしり構えられたのは、「彼ががんばるだけの価値がある人かを、常に自問自答していた」からではないでしょうか。

彼をしっかり見つめることはもちろん、自分の選んだ道だとハッキリ自覚して進むことも、険しい道を乗り切るヒントです。

また、彼が手作りチョコで「落ちた」のは、彼にとってそれが意外性のある出来事だったから。このように、何気ない行動でも、やる人のキャラクターによっては「奇をてらう」ことになる場合もあります。

さて、外見が彼の好みではなかった状態からの大逆転。もともとは彼の好みに当てはまっていなくても、好きにさえなってもらえれば、彼のなかに「あなた＝自分の好みかも」という意識が芽生えることもあります。だからこそ、ルックスを磨くことを諦めてはいけません。

Chapter 4

あなたの恋がうまくいかない理由、もしかして？

「好きだったら、連絡してくるはず」は本当？

Chapter1から3で、男性心理と、接し方のコツをつかんでいただけたと思います。Chapter4では、それでもあなたの恋が難航する原因を探し出し、1つひとつ、つぶしていきましょう。

既読スルーを恐れなくていい理由

攻略途中の男性から返事がないことを気に病む女性は、本当に多い！

が、しかし。

そもそも現代人は忙しい人は本当に忙しいので、仕事が立てこんだり余裕がなくなったりすると、よほど親しい相手や、返さないといけない相手からの連絡でもない限り、その場ですぐ返すほどの義理を感じないわけです。

とくにLINEのようなチャットツールの場合、相手が読んだか読んでいないかがわかってしまうので、余計に気になりやすいもの。

しかし、既読スルーされている状態であれば、「返すのを忘れている」または「返すのが今は面倒」のどちらかなんですよね。

女性はよく「好きだったら向こうから連絡してくる」と言いますが、それは人によります。もしそれに当てはまる男性であっても、恋愛感情がかなり高まった状態でないと、そうはならないんですよね。

そもそもですが、「男は好きになったら○○してくれる」という風潮は、昔に流行ったものです。

当時は今のように多忙を極める男性はそこまでいなかったように思います。だって、アフター5や花金という言葉があったぐらいですから、今よりも時間があったのではないでしょうか。

また男性にとって「電話・メール・チャットツール＝用件を伝えるだけのもの」という認識であることも多く、これは今も昔も変わらない部分ですね。

男性の思考回路は、驚くほど単純

女性と、連絡無精な男性とでは、時間軸の感覚もズレている場合が多いです。たとえばやりとりのない期間が1週間だとしたら、女性側は「もう1週間も……」と思っていても、男性側は「たったの1週間しか」という認識であることも、珍しくありません。

あるクライアントさんの恋人が、「ただのテキストを、なんでそんなにほしがるのか、意味がわからない！」と言っていたそうですが、連絡不精な男性の本音と言えるでしょう。

なので、連絡不精な男性に対し、好きになってもらえればいずれ連絡頻度が上がるかもというのは、最初から期待しないほうがいいでしょう。

あと、こういったご相談も毎日のように受けます。

「いつもは3日以内には返事くれてたのに、もう5日も返信がなくて不安です」

「いつもは○時ぐらいに連絡をくれていたんですけど、今回は、翌日になってもまだ返信がないのはどうしてでしょうか」

たまたまや。

そこに深い意味も何もありませんし、本当に何も考えていません。

男性の思考回路は女性が思っている以上に単純でして、たとえるなら小学校で習った乾電池と電球をつなぐ配線のようなものなんです。それを女性が、映画に出てくる時限爆弾の配線なみにややこしくしているだけ。

だから、いつもより彼の返信がちょっと遅いぐらいで、いちいち騒がない。

このご時世、「待てる女」が勝ちを得ますよ。

想像力が豊かすぎるのも、考えもの

マイナスな想像で、自分は守れない

意中の男性との関係がうまくいっていないとき、起こってもいない、悪い未来を想像してしまう。

ある意味、正常な反応だと思います。ですが、マイナスなことばかり考える時間というのは、本当にもったいない。

「そんなこと言われても不安なんだからしょうがない」と思う女性はたくさんいらっしゃることでしょう。

しかし、それでも僕は言い続ける。起こってもいないことで悩む時間は、心底無駄だと。

「マイナスな想像をするのは、いざそうなったときに大きなショックを受けないように、自分を守るため」なんてことを言う女性もいます。

でも、思うような結果が得られなかったとき、若干落ちこみにくくなるだけで、結果自体は変わらないのだから、守りきれてはいません。

それより、時間を無駄にするリスクのほうが、よっぽど高い。

武器になるのは、鈍感力

世の中には、ネガティブな感情に鈍感な女性がいます。

僕の女友達にも1人、そういう人間がいて、先日はこんなことを言われました。

「彼氏にこの前、『実はお前と別れようと思っていた時期がある。気がつかなかった？』って聞かれてさあ。

私、ぜんぜん気づかなかったから、びっくりして！『え？ ひどい！ 私は喜んであなたと会ってたのに！』って言ったら、『お前のそういうところが好きで付き合ったんだなと思って、別れるの止めたわ（笑）』って言われたんだ〜」

鈍感にも程がある！

きっとこの男性は、彼女が「別れを切り出されそうだしどうしよう……」と勘づいてビクビクしていたら、もうとっくに別れを切り出していたことでしょう。

占い・スピリチュアルは、不安を増やすツールじゃない

自分自身が一番のカウンセラー

占いやスピリチュアルが好きな女性は多いと思いますが、その理由として、カウンセリングの要素も含んでいるから、というのもあるのではないでしょうか。

占い師に自分の考えを共感してもらえると、ある意味、女友達のアドバイスより強い後押しになりますからね。「この人が言うんだから、間違いない！」というように。

こういうポジティブな受け止め方こそ、占いやスピリチュアル本来の楽しみ方なんじゃないかと僕は思います。良いことは信じて、悪いことはそうならないようにすればいい。

つまり、モチベーションを上げて行動するためのオプションにするということです。

たまに、占いやスピリチュアルに依存してしまって、数々の占い師などを渡り歩く「占いジプシー」、「スピリチュアルジプシー」と呼ばれる女性がいますが、これはオプションがメインになってしまった場合です。

占ってもらわないと不安。お守りのアクセつけてないし不安。パワースポット行ってないし不安。誰かに頼らないと、自分で何もできなくなってしまうんです。

前に、恋愛では平常心でいられた者が勝つとお話させていただきましたが、誰かにすがって一瞬得られる安心で心を落ち着けても、それは一時的なものです。

恋愛において、自分の感情にのみこまれそうになったときは、「今の私はちょっと普通じゃない。どうすれば落ち着きをとり戻せるか冷静に考えよう」といったふうに考え、ゆっくりと平常心をとり戻しましょう。

自分以外の誰かの助けは、モチベーションを上げるための補助。それはもちろん、僕のカウンセリングも同じです。

本命になれた！

リアル・ストーリー

僕のクライアントさんで、実際に2番手から本命にランクアップした女性の体験談をご紹介します。これを読めば、大逆転はけっして夢物語ではないことが腑《ふ》に落ちるはず。

CASE 3 いづみさん（当時20代前半、名古屋在住）

彼との出会いは、近所の居酒屋でした。友人と2人で飲んでいたとき、たまたま隣に、ものすごく私好みの男性が座っていたんです。自然と3人で会話するようになり、連絡先を交換して別れました。

後日2人で会い、一夜を共にすることに。体の相性がとても良かったんです。

ただ、当時の私は非常に忙しかったんですね。なので「普通の恋人のようなデートをする余裕はないけれど、セフレとしてお付き合いいただけないですか」とお願いして、セフレ関係になりました。

そこから約3ヶ月、月に2、3回、私の家で会うようになりました。

とにかくセックスを楽しんだり、一緒に音楽を聴いたり、あとは彼が料理上手だったので、私が作った料理にアドバイスをもらったりした記憶があります。


そんな仲だったのですが、私は彼の詳しい情報をあまり知りませんでした。

わかっているのは、年齢が4歳年上であることと、バツイチであることくらい。

彼の家に一度行ったとき、とてもしっかりとしたお家だったので、仕事はきちんとしているんだろうと察し、それ以上は聞かなかったというのもあります。

一方私は、家や日常をとくに包み隠さずにいましたが、だからこそ信用してくれていた気もします。

ただ、その信頼が災いしてか、彼がある日、衝撃の告白をしてきたんです。それは、前の奥さんとの離婚理由でした。詳しく書くと長くなるので省略しますが、奥さんに見限られても仕方ないようなふるまいをしていたようなのです。

それを聞いて、冷静に「あなたは○○をしたほうが良かったよね」という話をしたところ、なんとなく微妙な空気になりました。

それから1ヶ月後、彼は「セフレという関係を解消して、少しいろいろ考えたい」と言って、去っていきました。

直後はものすごくさみしく、悲しかったです。でも、彼に追いすがることはしませんでした。1ヶ月もすると、だんだん元気も出てきました。

しかし、それから3ヶ月後。彼から再び連絡があり、それは「結婚しよう！」という猛アタックだったのです。

当時の私は、結婚願望が皆無であったため、結局、お断りすることになってしまいました。でも、彼の変わりようは、今でも強く印象に残っています。

振り返るに、彼が変わった決め手で、これだという何かがあったわけではなかったようです。一度離れてみたことで、お互いの関係性の深さに、改めて気づいたんだと思います。

✧From 藤本✧

これはまさしく、男性が一度女性と離れてみてようやく自分の恋愛感情に気づいた、という例です。この彼は、彼女の大切さに気づくのに3ヶ月もかかっています。それくらい、男性は自分の感情を自覚しにくい生きものなんですね。

いづみさんの希望で終えた関係ではありますが、大逆転を叶えたことは事実。

これが、たとえば離れて1週間後、泣きわめいて連絡をしていたら、また結果は違ったかもしれません。恋愛は、中長期的な目で見なくてはいけないということもよくわかる一例です。

Chapter

5

大逆転を叶える！Q&A

さて、Chapter5では「大逆転を叶える！　Q&A」といたしまして、2番手から本命に昇格したい女性からよく受けるご質問に答えさせていただきます。

Q　急に呼び出されても会いに行っていいの？（とくに夜中）

A　これはあなたと彼の距離感や親密度によります。付き合っていなくても、いい関係性が築けているのであれば、そこまで気にする必要はありません。行きたければ行けばいいし、気乗りしないなら断ればいい。いたってシンプルです。**もっと具体的に言うと、会って楽しめそうであれば行くべきですし、楽しめなそうなら、やめておきましょう。**

これは、呼び出しかどうかすら微妙な連絡（「今、何してる？俺は家でボーッとしてるよ」というような、今なら会えることを匂わせるメールなど）でも同様です。楽しめそうなら、チャンスととらえて、こちらから誘ってもかまいません。

注意していただきたいのは、嫌われたくないから無理して会うというのはNG

ということです。

こういった場合、不安感や焦りを抱えている場合が多く、その状態で会うと高確率で本命コミュ障を発動します。

不安感や焦りや疑念というのは態度や文字に出やすいもの。とくに会っているときはぎこちない態度になったり、変な気のつかい方をしたりして「媚《こ》びられている」と思われやすいので注意しましょう。

Q

彼が大遅刻をしてきたとき、怒るべき？ それとも許すべき？

A

まず、彼がきちんと謝罪しているのであれば、笑って許してあげましょう。

そして、交換条件を出すのです。

「いいよ、遅くなっても来てくれたから嬉しい。でも、どうしよっかな〜。おわびの印といってはなんだけど、私のお願い、1つ聞いてくれる？」というように。

行きたかった場所に連れていってもらう、次のデートにほんの少し遠出を提案してみる、金額の安めのものをプレゼントしてもらうなど。**物をおねだりするときは、キーホルダーなど、どこか身につけておけるものがいいですね。**そして大喜びして、一生大事にする勢いで愛でていると、「コイツ、こんなものでこれだけ喜んでくれるのか」と、可愛げを感じてもらいやすいです。

ちなみに、彼が遅刻常習犯で毎回謝罪もない場合は、許し続けてはいけません。Chapter2でお話した「友達なら、まずしない」行動、「嫌われないように、理不尽なことをされても我慢する」に当てはまるからです。

遅刻するという連絡があった時点で「いつも遅刻してきて謝らないよね。別に謝罪がほしいわけじゃないけど、今日はもう会う気分じゃないし帰るね」と、しっかりと気分が悪いことを意思表示したほうがいいでしょう。

Q

彼がドタキャンばかりするのですが、これは仕方のないこと?

A

これは相手の職業にもよりますね。

忙しく、急な仕事が入るような職業であれば、ちゃんと本人が申し訳なさを感じて謝ってきたら、許してあげましょう。

この場合、代わりの日程を提示しない男性がいます。ただこれも仕事上、先の予定が立てられない人もいますので、ショックを受ける必要はありません。

そのときは、普通に「仕事だし、しょうがないよね。次会えそうな日ってある？」という感じで、さくっと聞きましょう。

もしそこで彼が決められない場合は、「そっか。わかった！　穴埋め期待しとくね（笑）。働きすぎて体壊さないようにね！」というように返しておけるといいですね。

それから、ドタキャンの理由を「仕事が入った」という程度で詳しく教えてくれなかったとき、「私と会うのがいやだから断ったのかも……」と落ちこむ女性がいますが、これはあとになって真相がわかる場合も多いです。

あとから「実はさー、あのとき取引先でトラブルがあってさ。俺しか対応できなくてさ、それで呼び出されたんだよね」というふうに、時間差で相手が教えて

くれることがあります。

ドタキャンされたからといっていちいちショックを受ける前に、彼の仕事がどれぐらい大変かを、常日ごろからヒアリングしておいたほうがいいでしょう。

相手の仕事の忙しさや大変さをちゃんと理解しておくと、ドタキャン時のダメージは少なくなりますよ。

一方、明らかに暇そうなのにドタキャンばかりする男性に対しては、ドタキャンの連絡がきた時点でハッキリと気分が悪いことを伝えましょう。相手が反省の意思を見せるまで、連絡がきても無視したほうがいいですね。

Q 彼はいつも直前にしか予定を教えてくれません。どう受けとめればいいですか?

A これも相手の職業によっては、先々の予定が決められない場合があります。

もしくは、もともと先々の予定を確保したくない人の場合もありますね。ようは、その日の気分に合わせて自由に動きたいタイプ、ということです。

後者の場合、今までの恋愛でも、事前に予定を決めない付き合い方をしてきた可能性が高いです。これまでの歴代彼女が彼のそういう部分を許してきた結果、直前に予定を決めるのが完全に習慣になってしまっているので、本人からすると悪いことをしている自覚がないんですよ。

なかには友達付き合いでさえも、先々の予定を決めて会うのがいやだという男性もいますね。

この場合、彼の習慣を他人が変えることは難しいので、彼のそういった習慣を受け入れるか、受け入れずに、前もって予定を決めてくれないと会わないと宣言するかのどちらかになります。

Q 彼が嘘をついている気がします。どうしたらいいですか？

A

相手の嘘というのは、検証しようがないのであれば、見てみぬふりをしなければいけません。

もし、彼が嘘をついていたとしても、証拠がないまま問い詰めたところで、真実を話すわけはありません。やんわりと伝えたところで、やんわりとかわされるのがオチです。

では、100%嘘とわかったときだけしか突っこんではいけないのかというと、そもそも、突っこまないほうがいい。

嘘をつくというのは、本人にはそれなりの理由があるということなので、それを暴いたところで関係性が良くなることはないですよ。

あなたは一瞬、スッキリするかもしれませんが、彼は逃げ場をなくして、居心地の悪さを感じ、警戒するようになるだけです。

Q

他にも女の子がいそうな気配を察知してしまいました。どうしたらいいですか?

A

今から元も子もないことを言いますよ。

どうにもできひんで?

相手に彼女や他にも関係を持っている女性がいる場合、あなたがいくら嘆《なげ》いたり怒ったりしたところで、何かが変わるわけではありません。というか何も変わらないです。

邪魔をするなんてもってのほか。彼と他の女性の関係性がどうあれ、壊そうとして間に入った段階で、彼から「コイツないわー」と思われます。

この場合は、諦めるか、自分が一番になって他の女性に魅力を感じられなくさせてやる！ と腹をくくるかの2択です。

厳しいようですが、彼女や他の女性の存在を常に気にしまくっている女性は、諦めたほうがいいでしょう。

彼が他の女性と会っているであろう間も、「絶対私が一番になってやる」と、自分磨きに惜しみなく時間とお金を投資できる女性か、もしくは、他の女性の存在が気にならないぐらい気持ちに余裕を持っていられる女性のどちらかでないと、形勢を逆転できることはありません。

とはいえ、どうしても不安を感じてしまう女性のために、Chapter6では不安感を撃退する方法をお伝えしましょう。

知ってた?

僕、優しいねん。

Q 彼のSNSを見ると落ちこんでしまうのですが、見ないほうがいいですか?

A

あなたとは会ってくれないのに、楽しそうに、友達や彼女と遊んでいる様子をSNSにアップする彼。見たらショックを受けるのがわかっているのに、ついつい見てしまうという女性も多いことでしょう。

前にもお伝えしたとおり、恋は情報戦なので、**できれば相手のSNSは、過去すべての投稿を遡《さかのぼ》って熟読しておいたほうがいいです。**これは元カノや彼女の情報を聞き出したほうがいいのと同じことです。

そうはいっても、情報を仕入れるのに向いている人と向いていない人もいますね。

まず、情報を仕入れるのに向いている女性は、感情的になりにくく、冷静に状況を分析できる観察眼を持っている人です。あなたがこのタイプの女性であれば、がんがんネットストーキングしてください。

得られた情報は、すぐに使えるものとは限らないので、いつかのために脳の引き出しに入れておきましょう。

逆に、情報を仕入れるのに向いていない女性は、感情的になりやすく、相手の行動に一喜一憂し、自分のしたことを後悔ばかりする人になります。

その場合は、彼のSNSをフォローしているなら、まずそれをやめる。タイムライン上に表示させないようにすることから始めましょう。

最初は気になってしょうがないかもしれませんが、これは麻薬断ちと同じなので、どこまでいっても自分の自制心次第になります。耐え抜いた先には以前よりもずっと気持ちが楽になっているはずですし、どうか自分に負けないでください。

Q 彼とケンカしてしまいました……。上手な仲直りの仕方はありますか？

A

彼と親密になるほど、価値観や考え方の違いから、ケンカをすることも起きてくるでしょう。

「せっかく良い感じだったのに、もう嫌われたかも……」

大丈夫。よほど相手の信頼を失うようなことをしていない限り、修復は可能です。

ただその前に、心構えとして知っておいていただきたいことがあります。

仲直りをするために必要なものは2つ、「冷静さ」と「素直さ」です。この2つがないと、仲直りにかかる時間は延びてしまうと考えてください。

まず「冷静さ」が必要な理由について。

「なぜケンカになったのか」という原因を究明し、「どうすればその問題を解決できるのか」を考えるため、冷静さが必要になります。ここをしっかり考えておかないと、同じ理由でケンカが再発してしまいます。

次に、「素直さ」が必要な理由について。

「絶対に私からは謝らないから！」と、男性が折れるのを待つ女性がいますが、向こうが謝るのを待っている時間は、本当に無駄です。なぜならほとんどの場合、待っていても謝ってこないから。

後述しますが、これは男性の性質上、仕方がないことなのです。

極端な話、仲直りしたくなければ意地を貫きとおせばいいし、仲直りしたいのであれば素直になるべきです。自分の意地をとるのか、彼との仲直りをとるのかということになります。どちらが今の自分にとって大切なのか、よく考えてみましょう。

ここまでで僕が言ってきたことは、「彼と仲直りするためには女性が折れるべき」ととられてもおかしくないことばかりです。そこ、「なんだよ藤本、結局男の味方かよ」とか言わない。

その理由をお話しするために、まずはケンカをしたときに表れる、男性の性質を理解しておかねばなりません。

個人差は人それぞれありますが、その性質は以下のようになります。

- 自分が悪いと思っていても、自分を正当化して謝るという行動にでない。
- ほっとけば向こうから謝ってくるだろうと思っている。
- 冷静になったとき後悔するが、具体的な行動は起こさない。
- 行動を起こしてもプライドが邪魔して強がってしまい、本当は心配なのにまたケンカを吹っかけるようなことを言ってしまう場合も。
- 怒りが持続する男性の場合は、だんまりを決めこむことで「これだけ俺は怒ってんねんぞ!」とアピールする。
- どれだけ怒っていても、「ごめんね〜」と甘えられると嬉しい男性もいる。

男性には誰でもヒーロー願望というものがあるので、「男は○○でいなければいけない」という思考が人それぞれあるんですよね。いわば、自分の思い描くヒーローになってみたいのです。

クラスにいきなりテロリストが潜入してきて、それを無双で倒す自分とか、集団のヤンキーに絡まれたのに、一人で全員瞬殺する自分を妄想することは、男性ならほとんどの方が経験あるのではないかと思いますし、これもこのヒーロー願望が根本にあります。

そして言わずもがな、ヒーローとは負けてはいけないもの。なので男性は、自分に非があることをわかっていてもそれを認めてしまうと「負け」を認めることになってしまうので、自分を正当化しようとするんですよ。

なかには、気まずさに耐えきれず、「俺が悪かったよ〜」と許しを乞《こ》う男性もいますが、この場合はとりあえずその場を収めたいだけのことが多いですね。

Q ケンカをしないようにするためには、どうしたらいいですか？

A 思っていることを、感情まかせに伝えると、言い争いになりやすいです。これは当然のことですね。

あとは、「今まで我慢してたけど」、「ずっと思ってたけど」、「この際だから言うけど」といった切り口でイライラを伝える女性がいますが、男からすると「じゃあそのときに言えや」というのが本心です。

また、ケンカというのは「どちらが正しいか」という主張のぶつけ合いでもあるので、ヒートアップすると、いかに自分が上に立つかという勝者争いに発展しがちです。

そうなるとケンカの趣旨が勝ち負けを決めることになってしまうので、「相手をぶち負かすには何を言えばいいか」と考え、「言ってはいけないこと」を言うようになるんですよね。

では、感情まかせに言いたいことを言わないためにはどうすればいいのか？

それは、「言いたいことを言う前に、いったんのみこむ」ことです。

これはもうよく言われていることですが、「ちょっと冷静になってくださいや」ということです。瞬間湯沸かし器のようにカーッとなったら、ちょっと待てよと。

僕のなかのキムタクもそう言っています。

また、不満を伝えるときは、悲しみとして表現するのもポイントです。

「○○されると、ないがしろにされているようで、本当に悲しい」というように、理由とセットにして悲しみを伝えてみてください。

また不満を伝える場としては、できれば「静かなお店」がいいでしょう。「言いたいことを思いきり言う」という自爆行為を抑制するためには、場所のチョイスも重要となるわけです。

本命になれた！
リアル・ストーリー

僕のクライアントさんで、実際に2番手から本命にランクアップした女性の体験談をご紹介します。これを読めば、大逆転はけっして夢物語ではないことが腑《ふ》に落ちるはず。

CASE 4
さくらさん（当時30代前半、東京在住）

彼とはいわゆる合コンで出会いました。付き合うかどうかという話をしないまま2人で旅行をしてしまい、そこからずるずると曖昧《あいまい》な関係が始まりました。

接し方で気をつけていたのは、ベタですが「基本は放置」することとです。

あと、本当は結婚願望があったのですが、その話題には一切触れなかったです。

ただ、お金のことについては、最初に「ラブホテル代は出しません」と言っておきました。そこは譲りたくないな、と思ったんです。ご飯代などは、彼が6割、私が4割くらいになるように出していました。

あとは、「しょせん、セフレはセフレ」という意識も忘れないようにして、他の男性とも出会う機会を作りました。そのうちに、彼が手に入らなかったとしても、「彼は美容と健康とセックスの上達手段になってくれたから良し」と考えられるようになってきました。


そんな感じで1年がたったころ、彼の転勤が決まったんです。もう会えなくなるのかと落ちこみましたが、それは顔に出さないようにしました。

そして彼が東京にいる最終週、一晩一緒に過ごし、朝「お仕事がんばってね。またこっちに来るときは、連絡してね」と言って、さわやかに別れたんです。

すると、しばらくして、転勤先から連絡が。

「付き合ってほしい。他の年ごろの女性は、一回寝るとすぐに彼女や嫁候補気どりをするのに、君だけはそうしなかった。つかめそうで、つかめなくて、でもずっと一緒にいたくて……」という、熱い告白をしてもらいました。

その後は遠距離恋愛ですが、お互いを唯一のパートナーとして、安定したお付き合いを続けています。

✧From 藤本✧

Chapter1で、「どうせ私はセフレだし」という思考はよくないとお話しましたが、さくらさんの場合は、「どうせセフレ」という状態を逆手にとり、良い意味で相手に期待せず、上手にさみしさを分散することができたので、本命昇格が叶ったのでしょう。

また、譲れないと思うことはハッキリと伝えたのも、すごく良かったですね。

Chapter 6

悩み・不安を撃退！
一気に本命体質へ

不安になるのには、理由がある

無理やりにでも、趣味を3つ始めてみる

意中の男性と曖昧《あいまい》な関係を続けていると、とにかくいつも不安にかられている女性がいます。

断言いたしましょう。

暇やから不安になるねん。

これにはれっきとした根拠がありまして、人がネガティブな感情を抱えやすいのは、「暇」、「空腹」、「寒い」、この3つの状況下だといわれています。

空腹は何かを食べればいいし、寒さは暖をとればいい。しかし、暇な時間だけは、自分自身で埋めていかないと、回避することができません。

僕は声を大にして言いたい。

暇で、男のことばかり考えて、仕事をがんばっているわけでもない、趣味を楽しんでいるわけでもない、そんな女性になんの魅力があるねん。

恋愛成就へ向けた道は、相手の側にいて何かをすることだけではありません。

女性が毎日楽しそうにしていて、ハッピーオーラをまとっているだけで、相手が勝手に食いついてくることなんて、ざらにあるのです。

それに、人間は考えたくないことほど考えてしまうものでして、これを解消するには、「他に考えなければいけないこと」を作らないといけないんですよ。

まずは、手始めに3つ、やりたいことを見つけましょう。

なぜ3つも必要なのかというと、新しく何かを始めたとき、必ず行き詰まることがあります。そのとき、1つのものだけに集中していると、行き詰まった瞬間に、投げ出したくなることがあるからなんですよ。

なので、行き詰まったときには、他の2つに手をつけることで、乗りこえるというわけです。

人によっては、だんだん熱中できるものが1つに絞られてくるかもしれないですし、もしかすると3つのまま、継続するかもしれませんね。

「そんなこと言っても、そんなにすぐやりたいことなんて見つからないよ！」という人は、今すぐ「家　趣味」で検索してください。

ちなみに、「夢中になれるものが見つかりません」と言う人もたまにいますが、「楽しもうという姿勢」と「本気でとりくむ姿勢」がないと、いくら暇つぶしをしていても夢中になれず、没頭できないことは覚えておきましょう。

おすすめなのは、何かを作る系の趣味です。

僕のクライアントさんで不安感から解き放たれた女性の多くは、何かを作る系の趣味のおかげで、恋愛も人生も好転しています。

パン作り、アクセサリー作り、ブログを書く、作曲するなどなど、創造行為はたくさんあります。

料理も創造行為になるのですが、どうせなら、作った料理をSNS系のサイトに投稿することを視野に入れてみましょう。それを見た人からほめられれば、さらにモチベーションは上がりますからね。

苦手を克服して得た自信は、恋愛にも役立つ

それから、あえて苦手なものにも挑戦してみてください。もうなんでもいいです。家事全般、仕事上で敬遠していた業務、などなど。

苦手に感じているものでも、訓練すれば、ある程度はできるようになります。しないから苦手なままなのです。

僕で言えば、昔からスポーツ全般が苦手だと思っていたのですが、「体を鍛える」という行為においては、ストイックになりすぎるぐらいハマった経験があります。というのも、僕が苦手だと思っていたのは、野球やサッカーなどの集団プレーのスポーツで、個人で体を動かすことは、苦手ではなかったんです。

ちなみに筋トレも、不安感を払拭するために、絶大な効力を発揮しますね。筋トレ中に脳から出るテストステロンという物質が、ネガティブな感情を軽減してくれるそ

うですよ。

もしハマらなかったとしても、ある程度訓練をすることで人並みにはなりますから、その分野においての苦手意識というのはかなり克服できるはずです。

苦手を1つずつつぶしていくことは、自信にもつながっていきます。自信は、あなたを内側からキラキラと輝かせます。

セミナーや読書も、自己啓発に役立ちますが、外部から受ける刺激というものは、時間が経つにつれ弱くなっていきます。継続することでその刺激は維持できますが、やはり自分の経験に勝る財産はありません。

自分が望む幸せは自分でしか作れないですし、自分一人を幸せにできない人間にだれかを幸せにすることなんてできませんよ。

恋愛経験の少なさを不安に思う必要なんてない

恋愛経験の数＝人間関係を終わらせた数

「恋愛経験が少ないから自信が持てない」と言うクライアントさんがいますが、彼女たちにとって、それが相当ネックになっているようです。

僕が思うに、恋愛経験豊富だからといって、別に恋愛上手というわけではありません。新しい恋愛をするたびに、過去の恋愛での失敗をいかすことができず、「また振られた or だまされた」となっている女性は本当に多いんですよね。

言いかえれば、「恋愛経験の数＝人間関係を終わらせた数」ということでもあり、過去にダメな恋愛ばかりを繰り返し、現在も変わらないのであれば、学習能力がないということになります。

逆に、恋愛経験が乏しいのにもかかわらず、相手の男性に執着せず、大きな愛情をもって接している女性もちゃんと存在するんですよ。

だからこそ、声を大にして言いたいのですが、**恋愛は経験の豊富さではなく、自分自身のあり方をいかに整えるかと、異性に対する知識量がどれほどあるかがものをいうのです。**

この2つをきちんとしていれば、恋愛経験ゼロの女性でも、幸せな恋愛をすることは可能です。

もちろん、机上《きじょう》の論理だけでは得られないものもあるので、実戦経験は必要です。引っこみ思案、奥手、男の人と関わったことが少ないという方は、だからできませんではなく、まず飛びこんで行動することでしか、男性への恐怖感は消えません。

仕事にしてもそうなのですが、初めての仕事って、すごく不安に感じますよね。「本当にこの仕事は私につとまるのだろうか……」という不安感がつきまとい、勤務1日目なんかは、緊張のあまり、ふだんの自分を出せない人がほとんどでしょう。

ですが、しばらく働いていると、あれだけ不安に感じていた仕事にも慣れてきて、最初に感じた不安はとっくに消え去っているものです。

足りないのは、「経験」ではなく「免疫力」

まず、恋愛経験が少ない女性に必要なものは、男性に対しての免疫力。恋愛経験が少ないことよりも、こちらのほうが問題です。

いろいろな男性と出会って免疫力をつけておかないと、いざ好きな男性と対峙したときに、相手の一挙一動に振り回されることになりかねません。

恋愛経験が豊富な女性でも本命コミュ障になる女性は多いのですから、経験が少ないとなると、そのぎこちなさはかなりのものになるはずです。

その度合いをすこしでも軽減するために、次にお話する「さみしさの分散」を参考に、いろいろな男性と触れ合ってみましょう。

さみしさは、散らすことができる

本命の恋のために、他の男性を確保する

意中の男性とうまくいっていないとき、恋をする女性であれば当然のごとく湧き上がる感情が「さみしさ」です。

こういった感情を放っておくと、自爆行為につながりかねないので、できるだけ早急になんとかせねばなりません。

負の感情をぬぐい去る方法として、先ほどは徹底的に暇をつぶすという方法をおすすめしましたが、実はこの方法以外にも、効果的な方法があるんですよ。それは「他の男性も確保しておく」という方法。

保険をかけておくという行為になるわけですが、この方法に関しては、否定的な意

見を持つ女性もいらっしゃることでしょう。

「彼のことが好きなのに、他の人に目を向けることなんてできない……」

「なんだか浮気しているみたいでいや！」

「そんなズルいことをするのは、卑怯な女のすること！」

こんなふうに考える女性も多いはず。

しかし、あくまでも1つの方法としてお伝えさせていただくだけですから、まずは最後まで読んでいただければ幸いです。

この「他の男性を確保しておく」という方法を、僕は**「さみしさの分散」**と呼んでいます。言葉の意味のとおり、1人の男性に集中していた気持ちを、他の男性にも目を向けることで、気持ちや意識を分散し、不安や執着を減らすという方法になります。

実際に僕のクライアントさんのなかには、「さみしさの分散」を実行してつらい気持ちから立ち直り、恋愛を謳歌している女性がたくさんいらっしゃいますね。

それぐらいこの方法は効果があるものなのですが、勘違いしないでいただきたいのは、別に浮気相手を作れと言っているわけではないということです。あくまでも、「さみしさを紛らわせる相手」を作るということです。

とくに現在、好きな男性がいてもまだお付き合いをしていない場合、思うように関係が進展しないのであれば、「さみしさの分散」は必須だと僕は考えます。

1人の男性を追い求めてしまうとどうしても執着は生まれますし、平常心でいられなくなることが多々あると思うからです。

「さみしさの分散」は、自分の気持ちも落ち着かせることができるし、本命候補の彼との関係もスムーズにいきやすくなるしで、一石二鳥の方法なんですよね。

「でも、異性関係をちゃんとできない女って、本命になれないって言うじゃん！」

たしかにそれは、よく言われていることです。

ただ、異性関係をきちんとできない女性というのは、意図せず、いろいろな男性を勘違いさせてしまう女性のことを指します。

「さみしさを紛らわせる相手」を見つけるということは、誰でもいいわけではありません。「選び抜いた特定の異性」とだけ距離を近づける行為になりまして、だらしない女性と根本的に、まったく別物です。

「でもそんなことをしたら相手の男の人がかわいそう……」

そんな意見もあるでしょうが、この本は、女性に幸せな恋愛をしてほしいという僕の思いが詰まったもの。男のことなんか知らん。

残酷に聞こえるかもしれませんが、男性は、いくら自分が単なる分散相手としてしか思われていなかったとしても、相手の女性を好きなのであれば、がんばって振り向いてもらえるように努力すればいいのです。男だったら、ほしいものは自力で手に入れやがれというわけです。

それができないのであれば、それはただ当人の能力不足。あなたが罪悪感を覚える必要なんてありません。

言い方はすごく悪いけれど、「私のことを奪いたければどうぞがんばってくださいね」くらいに思っていてもいいでしょう。

「別にその相手には何も思わないけど、他の男の人と会ったりとかしたら彼に悪いし……」

あの、1つ言っていいですか？

あなたと彼の関係性が恋人同士じゃないなら、その罪悪感いらんからな？

「分散相手」を見つける、最強の場所はここ

では、そんなさみしさを紛らわせる相手をどうやって見つければいいか。

僕のクライアントさんで、分散相手と出会う場としてよく活用されているのが、「婚活パーティ」や「仕事関係の出会い」、そして「バー」です。

なかには、たまたま行った病院で診察してくれたお医者さんや、通っているカルチャースクールの先生から連絡先を聞き出して分散相手にする猛者もいました。

とくにお酒が飲める女性であれば、1人飲みで行けるバーを2～3軒確保して定期的に通っていると、かなり出会いの数は増えます。

出会いの数を増やすということであれば、バー通いは最強だと、僕はいつも言ってるんですよ。

まずはバーテンダーさんと仲良くなりましょう。

「もしよろしければ1杯どうですか？」とお酒をおごり、それを来店の度に繰り返せ

ば、勝手に上客認定されていることが多いです。

会話のなかで「実は恋人募集中で〜」というようなことを言っておくと、誰かを紹介してもらえるかもしれないし、バーテンダーさんに気に入られて、その人自体が分散相手になることもあるんですよ。

誰かを紹介してもらえる場合、上客認定されているので変な人は紹介されにくいですね。

しかも、バー通いをしていると、そのお店の常連さんと仲良くなることなんてざらにあるので、新しいコミュニティができて、そこから出会いが派生することもよくあります。

ただし酒癖が悪い女性は、酒癖の悪さがバレた段階で上客認定されないので注意してください。

「恋愛対象」ではなく「人」としてアリかナシかでまず判断

「好きな人がいるのに、やっぱり他の人では、さみしさなんて埋められない」

もちろん、こう考える女性がいて当然です。

ただ、それは出会う男性のことを「恋愛対象としてアリかナシか」だけで見るから、急に窓口が狭くなってナシになってしまうだけ。「人としてアリかナシか」という目線で見ると、窓口は一気に広がります。

人として相手を「アリ」だと判断した場合、仲良くなって「気軽に話せる男友達枠」に収まってもらうことができれば、言うことがありません。

自分の「素」を知るのにもうってつけ

それから、「さみしさの分散」をおすすめする理由は他にもあります。

分散相手に対しては、対等か、もしくはそれ以上の立ち位置を得ることができるんですよ。

このとき、自分がどういう心境で相手と接しているか、どんな態度で接しているかを思い返してください。それがあなたの素です。

しかも、「さみしさの分散」を続けていると、たいしたことをしていないつもりなのに、相手が異様に喜ぶときがあります。

こういった場合、「え、なんで？　私、何もしてないのに」と思うわけですが、このとき相手にどんな接し方をしていたかも、振り返っておくといいですね。自分の自然なモテポイントがどこなのかが、見えてくるからです。

とはいえ、「さみしさの分散」とは言っても、依存先を増やすということではありませんのであしからず。

あくまでも、不安や執着をできるだけ解消し、1人の男性に依存しない自分をつくることが「さみしさの分散」だと思ってくださいね。

本命になれても、不安なあなたへ

その不安は、きっと外れる

この本に書いてあることをかたっぱしから試し、努力し、本命になれたとして。嬉しいけれども、「略奪した恋はいずれまた略奪されるんじゃ……」とか「また彼がセフレを作ったらどうしよう……」といったような新たな不安を抱えそう、と思うかもしれません。

そんなときにそなえて、お伝えしたいことがあります。

まず、浮気相手から本命になった場合。

あなたは何も、悪いことはしちゃいない。

良い男に彼女がいるのは当然のことだし、正々堂々と真正面からぶつかり、ちゃんと選んでもらえたんだから、自信を持て。

そして、次なるセフレや浮気相手におびえている場合。

この本に書いたことをしっかりと実践し、飽きられない女性になるために努力されているのであれば、その不安は徒労に終わるでしょう。

なぜなら、既にあなたは、彼にとって手放すことのできない、唯一無二の存在になっているからです。

実際、僕が今までプライベートで出会ってきた女性のなかで、この本の内容を実践できている女性はほとんどいませんでした。数えきれないほどの女性と接してきた僕であっても、です。

浮気をさせない、魔法の言葉

さて、それでもどこか浮気への不安が残ってしまうあなたにアドバイス。

「浮気しないでね」というセリフには、浮気防止になんの効果もありません。

それならば、「私が彼女で良かったね！」とか「自分で言うのもなんだけど、私ほどの女の人って他にいないからね（笑）」と伝えてみたほうが、格段に抑制効果があるでしょう。

僕はこれを「自分プレゼン」と呼んでいるのですが、こうすることで、「たしかにそうだよなあ」と、彼があなたの魅力を再認識するきっかけになります。

「言わなくても、そう思ってくれているんじゃないかな……」と思うかもしれませんが、相手はこちらが思っているほど、あなたの魅力に気づいていないことも多々あります。

あなたの過去の恋愛を思い出してみてください。

元カレが自慢話や自分語りをしたときに、「この人ってすごいんだな～」とか「へー、この人そんなことできるんだ！」なんて、感心したり驚いたりしたことはないでしょうか。

自分プレゼンには、これと同じ効果が期待できます。

彼に浮気心が芽生えたとしても、「でも、アイツほど俺のことをわかってくれる女って、他にいなかったんだよな……」と考えて、思いとどまってくれる、となるわけです。

ただし、あまりにしつこすぎると、自分を「押し売り」していることになります。

そこは注意しつつ、じわじわと、あなたの価値を認識してもらえるよう、持っていってくださいね。

おわりに

このたびは『本命になる技術』を手にとってくださり、まことにありがとうございました。

女性としてこの世に生を受けたのであれば、せっかくなら最大限、女性であることを楽しんでください。そしてキラキラと輝いて、恋愛も人生も、大逆転させてください。

この本を読んでくださったあなたの恋が、より良いものになるよう、僕は心から願っております。

それでは最後に。

「悲恋改善カウンセリング」にお申しこみくださっているクライアントのみなさま、そして僕のＨＰ「だまされない女のつくり方」をご覧くださっているみなさま、いつもお世話になっております。僕を頼ってくださり、本当に光栄です。

いつも僕のことを何も言わずに見守ってくれている家族のみんな。もう感謝してもしきれない。恩返しは倍返しだ。

親友のゆうすけ。お前は本当に大事な友人であり、それと同時に家族のような存在や。ふがいないところもあるけど、これからもよろしくな。

僕に執筆を依頼してくださったWAVE出版の寺門侑香さん。本当にありがとうございます！

そして、数ある恋愛指南書の中から『本命になる技術』を選んでくださったあなた。

心から、感謝しております。

どうかみなさまが、幸せでありますように。藤本シゲユキでした。

藤本シゲユキ

Shigeyuki Fujimoto

悲恋改善アドバイザー。
17～29歳までバンドマンとして活動、30歳を目前にホスト業界へ。入店2ヶ月でNo.1を獲得、半年後に独立しホストクラブをオープン。その後5年間、経営者として奮闘するかたわら、現場で知り合った1000人以上のお客様の恋愛相談をこなす。「つらい恋愛に悩む女性をもっと助けたい」との思いから、2014年からアドバイザー業に専念。男性心理を知りつくした立場から、現実的な恋愛アドバイスを行う。累計相談件数は5000件以上、HPは月間150万PVを誇る。妻と娘を溺愛する、良き夫・父でもある。

オフィシャルHP「だまされない女のつくり方」
http://damasarenaiwa.com/

本命になる技術

2017年4月27日　第1版第1刷発行
2018年6月20日　　　　第2刷発行

著　者　　藤本シゲユキ
発行者　　玉越直人
発行所　　WAVE 出版
〒102-0074　東京都千代田区九段南 3-9-12
TEL　：03-3261-3713　FAX：03-3261-3823
振替：00100-7-366376
E-mail：info@wave-publishers.co.jp
http://www.wave-publishers.co.jp
印刷・製本　シナノパブリッシングプレス

NDC159　190p　19cm
ISBN978-4-86621-054-4